KB206117

장로회주의

장로회주의

그리스도로부터 기원한 가장 성경적인 교회 제도

초판 1쇄 발행 2024년 5월 31일

지은이 ㅣ 사무엘 밀러
옮긴이 ㅣ 김효남
발행인 ㅣ 정대운

발행처 ㅣ 도서출판 언약
편집 및 교정 ㅣ 안보현
등 록 ㅣ 제 2021-000022호

주 소 ㅣ 경기도 고양시 덕양구 동세로 138 1층(원흥동)
전 화 ㅣ 031) 965-6385
이메일 ㅣ covenantbookss@naver.com

ISBN 979-11-986084-3-7 (03230)

디자인 ㅣ 참디자인

장로회주의

그리스도로부터 기원한 가장 성경적인 교회 제도

사무엘 밀러 지음 · 김효남 옮김

Presbyterianism

언야
THE PURITAN HERITAGE

역자 서문

저는 원래 신학에 관심이 많았습니다. 그 중에서도 구원론은 제가 청교도 개혁주의 신학에 관심을 가지게 된 직접적인 이유였습니다. 청교도들의 회심교리는 그 전까지 제가 교회에서 배웠던 구원에 대한 지식이 얼마나 보잘 것 없고 잘못되었는지를 적나라하게 드러내는 계기가 되었습니다. 우리 구원의 가장 처음이라고 할 수 있는 회심에 대해서 바르게 알지 못하고, 참된 회심을 경험하지 못한다면, 신자가 구원의 완성을 위해서 가는 길을 그 기초부터 흔들릴 것이 뻔했기 때문입니다. 그래서 저는 유학길에 오르면서 성경적이고 바른 믿음과 회심에 대해서 연구하여 한국교회에 널리 알리는 것이 저의 소명이라고 생각했습니다.

약 9년간의 유학생활을 마치고 귀국하면서 저는 한 지역교회의 담임목사로 청빙을 받았습니다. 저는 제가 연구했던 청교도 개혁주의 구원교리를 성도들에게 가르치겠다는 포부를 품고 목회를 시작했습니다. 하지만 목회를 하면 할수록 제가 전하고자 하는 내용들이 제대로 전달되지 않고, 여러 가지 오해를 산출하는 현상을 경험했습니다. 또한 목회를 시작한지 얼마 되지 않아서 다양한 스트레스가 저를 짓누르기 시작했습니다. 당시는 매우 당황스러웠습니다. 무엇이 잘못인지 알기 어려웠습니다. 그렇게 여러 어려움과 씨름하다보니 제 마음은 여유를 잃어갔고, 복음을 깊이 묵상하여, 제가 배우고 연구했던 찬란한 복음과 구원에 대한 복된 지식을 성도들에게 전하기에는 제 영혼이 너무 지쳐있었습니다. 성도들을 대하는 것이 힘들어지고, 장로님들을 만나는 것이 부담스러워진 상태에서는 제가 움직일 수 있는 공간을 찾을 수가 없었던 것입니다. 무엇이 문제였을까요? 지금 생각하면 당연히 저의 미숙함과 부족함이 가장 큰 원인이었다고 생각됩니다. 하지만 한편으로 저처럼 미숙하고 부족한 목회자가 오더라도 그런 목회자가 잘 적응하도록 도움을 더 많이 얻을 수 있는 환경이었다면 얼마나 좋았을까 하는 상상을 해 봅니다. 그랬다면 주님의 교회 안에서 저의 부족함을 발견하고 교정하며 또 시간이 흐름에 따라 성숙한 목사가 되어 꿈꿨던 복된 진리를 성도들에게 전하는 일에 큰 힘을 얻었을 수도 있었을 것이라는 기분 좋은 상상도 해 봤습니다.

이를 통해서 저는 교회론에 대하여 본격적으로 관심을 가지게 되었습니다. 목사가 복음에 집중하고, 그 복음을 선명하게 전하는 것은 단순히 복음에 대한 지식이나 목사의 열정만으로 되는 것이 아니었습니다. 그보다 더 중요하고 본질적인 것은 바른 교회의 구조와 정치를 이루는 것임을 뼈저리게 깨달았습니다. 목사도 연약하고 부족한 죄인이기에 교회 안에서 도움을 받아 성장해야 했습니다. 그런데 이 일은 성경적인 교회의 구조가 있을 때에 일어나는 것입니다. 그렇다면 어떤 교회가 목사를 성숙시키고, 직분자들을 비롯해서 모든 교인이 함께 성장해 나가는 교회일까요? 이 문제는 오늘 우리에게 너무나 시급하고 중요한 문제가 아닐 수 없습니다.

이 질문에 대해서 이 책의 저자인 사무엘 밀러는 조금의 망설임도 없이 단호하고 확신에 찬 목소리를 우리에게 말해 줍니다. 장로회주의, 곧 신약성경에서 가르치는 장로교회 정치원리야 말로 가장 성경적인 대안임을 분명히 합니다. 사무엘 밀러는 미국 프린스턴 신학교의 초기 교수들 가운데 한 명으로서 프린스턴 신학교가 정착하는 데 지대한 공을 세웠습니다. 그는 교회 정치와 장로회주의에 대한 확신 있는 전문가로서 당시 미국 장로교회가 처한 다양한 문제를 다루고 해결책을 제시하는 일에 큰 공을 세웠습니다. 물론 자신의 시대에 미국장로교회가 옛학파Old School와 신학파New School로 나뉘지는 아픔을 겪었지만, 이를 통해서 오히려 장로교회 정치에 대한 그의 이해는 더욱 깊어졌습니다.

이 책에서 밀러는 장로교회 정치가 가장 성경적이며, 가장 사도적인 교회임을 분명하게 천명합니다. 교회는 그리스도의 몸이기에 인간의 호불호에 따라 그 모습이 결정되어서는 안 됩니다. 교회의 머리이신 그리스도는 자신의 몸에 대해서 가장 잘 알고 계시기에 우리에게 교회의 운영원리를 알려주셨습니다. 뿐만 아니라 밀러는 장로교회가 거부하는 비성경적인 관습과 예배의 형태에 대해서도 분명하게 밝힘으로써 단순히 장로회주의란 교회의 정치에만 국한된 것이 아니라 교회 자체에 대한 성경적 원리라는 사실을 선명하게 보여줍니다.

신학교에서 장로교회사를 가르치는 선생으로서 이 책은 신학생들이 장로교회에 대한 확신을 가지는데 있어서 매우 유용할 것이라는 확신이 있습니다. 하지만 비단 신학생들 뿐만 아니라 현재 목회사역을 감당하고 있는 목회자들과 바른 교회를 소망하며 신앙생활을 하는 모든 성도에게도 큰 도움이 되리라 믿습니다. 저는 이 책을 번역하면서 한국장로교회가 이름만 장로교회가 아니라 성경적 장로교회의 원리가 역사하는 교회가 되기를 바라는 마음이 간절했습니다. 그래서 각 교회의 강단에서는 참되고 순결한 복음이 날마다 흘러나오고, 교회는 성도들의 어머니가 되어 새로운 생명을 잉태하고, 출산하며, 양육하는 놀라운 새 생명의 소식이 끊이지 않기를 간절히 기도합니다.

2024년 4월 24일

김효남 교수(총신대학교 신학대학원 역사신학)

차례

제1장

서론

잘 알려진 바와 같이 사도시대에는 하나님의 교회가 여러 교파로 나누어진 채 존재하지 않았습니다. 물론 당시에도 교회에는 분파가 있었습니다. 타락한 인간 본성이 가진 불안하고 이기적인 정신은 여러 곳에서 유대주의적 주장, 철학적 사상 또는 정통 교회 권위에 대한 격렬한 저항의 모습으로 나타나기 시작했습니다. 고린도 교회는 '사도들 중 가장 으뜸가는 사도'가 개척하고 양육했지만, 그들은 서로 "나는 바울에게 속했다. 나는 아볼로에게 속했다. 나는 게바에게 속했다. 나는 그리스도에게 속했다."라고 말하며 다투는 다혈질적이고 골치 아픈 성도들이 있었습니다. 하지만 그럼에도 교회는 하나였습니다. '장로교', '감독교회', '회중교회' 등의 이름은 알려지지 않았습니다. 모든 고백하는 그리스도인들은 '비록 그 숫자는 많았지만 그리스도 안에서 서로를 한 몸으로 여겼고 각 사람은 모두 그 몸의 지체였습니다.' 당시 그리스도를 따르는 자임을 고백하는 사람들에게 있어서 널리 적용될 수 있었던 유일한 구별은 교회와 이단 사이의 구별이었습니다.

사도시대 이후 얼마 지나지 않아 이단 종파가 많아지고, 그들 각자가 교회에 속했다고 주장하여, 편의상 참 교회 또는 정통 교회와 다양한 이단 종파를 구별할 수 있는 용어를 사용해야 했을 때, '가톨릭'(일반적이거나 보편적이라는 의미인 '가톨릭'이라는 용어)이라는 칭호가 정통교회에 적용되었고, 이단 종파는 다양한 이름을 사용하여 구별하였는데, 그들의 이름은 그들의 특징을 드러내는 사상의 본성이나 그 사상의 원래 저자 또는 그 사상을 널리 퍼트린 사람의 이름에서 가져왔습니다. 실제로 로마 주교를 맹목적이고 미신적으로 추종하는 자들이 가톨릭이라는 칭호를 자신들만 독점적으로 적용할 수 있다고 주장하고 있다는 사실은 이미 널리 알려져 있습니다. 그들은 자신들만이 유일한 참 교회, 가톨릭 교회 또는 보편 교회이며, 스스로 기독교인이라고 여기는 다른 모든 이는 구원의 길에서 벗어난 이단이라고 주장합니다. 그러나 참 진리를 깨달은 모든 그리스도인에게 이러한 주장은 허황될뿐만 아니라 주제넘은 소리로 들릴 수밖에 없습니다. 이름뿐인 기독교 사회^{nominal} Christendom 는 유일한 참된 교회가 아닙니다. 많은 사람은 이 교회가 너무 타락하였으므로 기독교라는 이름에 어울리지 않는다고 여기고 있습니다. 이 말의 의미는 이 교회 안에 있는 교제^{communion} 속에 구원이 없다는 뜻 보다는, 그 교회의 교제 안에 있는 사람들에게는 영원한 멸망의 위험이 도사리고 있다는 의미입니다. 실제로 그들 가운데 경건한 사람들이 많이 있다는 것을 의심할 필요는 없습니다. 그러나 그들이 처한 환경은 은혜 안에서 성장하기에 비참하고 불리합니다. 왜냐하면 그들 주변을 둘러싸고 있는 많은 사람이 어둠과 미신과 무서운 오류에 빠져 있기에, 그들도 역시 영원한 멸망을 당할 위험이 매우 크기 때문입니다. 이것이 바로 "적그리스도", "죄의 사람", "멸망의 아들"이며, 그는 모든 것 위에 자신을 높이지만, "여호와의 입김과 그의 오심의 광채로 멸망"될 것입니다.

특정 기독교 교파가 규모가 크고 유력하다고 해서 가톨릭 또는 보편적 교회라고 불릴 자격이 있는 것은 아닙니다. 실제로 다른 교회들보다 사도적 모델과 더 닮은 교회들이 있으며, 기독교 공동체의 목록에서 호의적으로 구분할 가치가 있는 교회들이 있습니다. 그러나 가시적 보편 교회는 참된 종교를 고백하는 전 세계의 모든 사람과 그들의 자녀들로 구성되어 있습니다. 장로교, 회중교회, 감리교, 침례교, 감독교회, 독립교회 등 우리 거룩한 신앙religion의 근본을 간직하고 있는 이들은 세계 어느 지역에 거주하든 모두 동일한 가시적 공동체의 구성원이며, 그들이 진실한 신자라면 마침내 모두 그 영원한 축복에 참여하게 될 것입니다. 물론 실제로 그들이 그렇게 하려는 의지가 있다 하더라도 모두 엄숙한 집회에 함께 모여 예배할 수는 없습니다. 물리적으로 불가능하기도 하지만, 많은 경우는 편견과 어리석음으로 인해 완전히 하나가 되어야 할 사람들이 갈라져 있습니다. 기독교 신앙을 고백하는 신자들을 나눠놓는 모든 분파sects와 교파가 있기는 하지만, 그럼에도 하나의 가시적 보편 교회는 존재합니다. 이 세상에 있는 전체 가시적 교회가 하나라고 하는 소중한 개념이 있습니다. "머리에 붙어 있는" 모든 지체는 그리스도의 몸에 속합니다. 올바른 신앙고백을 통해 모두가 동일한 신성한 구주께 연합되고, 동일한 귀중한 믿음을 받아들이며, 동일한 영으로 성화되고, 동일한 영적 음식을 먹으며, 동일한 영적 음료를 마시고, 동일한 약속 안에서 안식하고 기뻐하며, 동일한 영원한 안식을 향해 여행하는 사람들은 분명히 한 몸입니다. 이들은 그저 명목상의 관계를 유지하고 자랑하는 수백만 명의 사람들보다 더 풍부하고 의미 있고 가치 있는 한 몸을 이루고 있습니다.

그러나 우리가 가시적인 보편 교회의 일치에 대한 교리를 유지하고 또 저 분파들의 이름은 사도시대에도 알려진 바가 없을뿐만 아니라 구속주의 영화된 몸에 참여한 지체들 가운데서 앞으로도 알려지지 않을 것이라는 확실한 믿음을 누리는 반면에, 이 전투하는 상태 속에서는 단순히 명목상으로만이 아니라 실제적이고 통탄할만한 분리가 여전히 존재합니다. 이 분리는 성도들의 교제에 가장 깊숙이 관여하여 이를 방해합니다. 그 결과 성도들이 서로 친밀한 교제를 나눌 소중한 기회를 망가뜨리고, 안타깝게도 기독교적인 사랑이 아니라 다툼과 분쟁의 원인이 되고 있습니다.

이러한 다양한 분파sects와 이름들이 있는 가운데, 모든 지성적이고 양심적인 기독교인에게 가장 흥미로운 질문은 "기독교 교회라는 이름을 가진 다양한 교파들 중 어떤 교파가 신약성경의 모델에 가장 가깝다고 말할 수 있느냐?"하는 문제입니다. 우리는 참으로 우리가 믿는 거룩한 신앙의 근본 진리를 가진 모든 이를 그리스도의 교회로 인정하며, 그들을 사랑하고 존중하는 것을 우리의 의무로 여기며, 분쟁과 분열을 증가시키는 경향이 있고 "경건한 덕을 세우는 일godly edifying"에 위배되는 방식으로 그들을 대우하는 일을 피하기 위해서 노력합니다. 그럼에도 불구하고 이성적인 사람이라면 누구도 이 교파들 중 어느 한 교파는 나머지 다른 교파들보다 그리스도의 교회로서 사도적 모델에 더 가까울 것이라는 사실에 대해 의심하지 않습니다. 전체 교파들 중 어느 교파가 사도적 모델에 더 가까운지는 그리스도의 뜻을 알고자 하는 모든 사람, 그리고 영감 받은 사도들이 밟았던 길, 그리고 그들이 수고를 멈추고 교회를 떠났을 때 조화롭게 걸었던 그 길을 걷는 것을 발견하기를 원하는 모든 사람에게는 가장 심각한 문제입니다.

이 글을 쓰는 필자가 진실로 믿는 사실은 지금 이 미국에 존재하는 장로교회가 시민 정부와 전혀 무관하며, 하나님의 말씀을 "신앙과 실천의 유일한 무오한 규칙"으로 삼고 있고, 교리와 예배와 교회의 질서 등 모든 면에서 지상의 다른 어떤 교회보다 더 초대교회적이고 사도적이라는 것입니다. 지금부터 이 책을 통해서 저는 겸손한 마음으로 이 입장이 얼마나 진실한지를 증명해 보겠습니다.

이 목적을 달성하기 위해 저는 장로교의 역사, 교리, 질서 또는 정부 형태, 예배, 그리고 다른 교파에 비해 장로교회가 가지고 있는 비교 우위를 아주 간략하게 고찰하기 위해서 노력할 것입니다. 제가 속지 않는 한, 이 각각의 요소에 대해서 장로교가 다른 어떤 기독교 교파보다 사도적 모델에 더 가깝게 접근해 있음을 쉽게 알 수 있을 것입니다.

이어지는 논의를 더 충분히 준비하기 위해, 교회 질서에는 네 가지 다른 형태가 있으며, 각 형태는 모두 성경의 보증을 받고 있다고 주장한다는 사실을 말하는 것이 좋겠습니다. 여기서 말하는 네 가지 교회 질서는 '교황 또는 영적 군주제', '성공회 또는 영적 성직체계', '독립주 또는 영적 민주주의', 그리고 '장로교 또는 영적 공화주의'로 불리는 것들입니다.

이들 중 첫째(교황제)는 그리스도의 공인된 대리자로서 전세계 모든 기독교 체제의 최고이자 보편적이며 무오한 머리가 필요하다고 주장합니다. 둘째(감독제)는 일반 복음 사역자의 계급보다 높은 성직자 계급을 주장하는 데, 이들은 자신들이 보기에 오직 한 사람만이 안수할 권한이 있으며, 그 감리 기관이 없이는 정규 교회가 존재할 수 없다고 주장합니다. 셋째(회중주의)는 모든 교회 권력은 회중에게 있으며, 교회 권위의 모든 행사는 회중에 의해 직접적으로 수행되어야 한다고 주장합니다. 네 번째이자 마지막으로 장로교인들은 그리스도께서 말씀과 성례를 집행할 권한이 있는 모든 목사를 공식적인 지위와 권세에서 완전히 평등하게 만드셨다고 믿습니다. 모든 교회에서 교회 권세의 직접적인 행사는 전체 회중이 아니라 장로라는 이름의 대표자들로 이루어진 기구^{body}에 맡겨져 있습니다. 그리고 그들의 교파에 관한 한, 가시적인 보편 교회 전체는 이름만 하나인 것이 아니라 이러한 대표자들의 일련의 회의체에 의해 전체 회중의 이름과 권위로 행동하여 전체 몸을 하나의 교회로 묶고 동일한 신앙과 질서의 원칙을 따르고 자발적이지만 동일한 규칙과 규정의 체계에 의해 권위 있게 통치 할 수 있도록 결합되어 있습니다.

따라서 장로회주의^{Presbyterianism}는 주로 교회 정부의 형태를 지칭하는 용어입니다. 이는 장로교회를 말합니다. 이 교회에서는 노회가 근본적이고 주도적인 사법권을 가지고 있으며, 가르치는 일과 다스리는 일을 맡은 장로가 전체 양떼를 살피고 돌보는 일을 담당하고, 말씀과 성례를 담당하는 모든 사역자들이 평등하며, 치리 장로들은 회중의 대표자로서 모든 교회 회의체의 일부를 구성하고, 또 모든 권위 있는 행위에서 가르치는 장로들과 동등하게 참여하며, 일련의 치리회 체계에 의해 한 회의체가 다른 회의체보다 더 우위에 있게 되어 각 교회는 적절한 치리회의 감시와 보살핌을 받고 있고, 전체 몸은 감독과 통제 시스템에 의해 하나의 동질적인 공동체로 묶여 있습니다. 하나님의 교회에서 이 제도가 운영되는 곳이라면 어디든 장로회주의가 있습니다. 비록 이 여러 치리 체계가 다양한 이름으로 불릴 수 있고, 세부적인 조직에는 약간의 다양성이 존재할 수 있지만, 여전히 본질적으로는 동일합니다. 따라서 프랑스, 네덜란드, 독일, 스위스, 스코틀랜드, 제네바의 개혁교회는 치리체계의 이름과 규정에서 약간의 차이가 있음에도 불구하고 모두 장로교라고 할 수 있습니다. 목회자의 평등, 교회의 회중이 아닌 장로들에 의한 교회 통치, 감독과 통제의 법정 아래 있는 교회의 권위 있는 연합이 발견되는 곳이라면, 어디에서나 우리는 다음 페이지에서 설명하고 권고할 교회 제도를 가지고 있습니다.

장로교라는 용어는 주로 교회 정부의 형태에 관한 것이지만, 장로교회는 원래 우리가 성경이 보증한다고 믿는 다른 다양한 여러 문제에 대해서도 합의하였으며, 모든 시대에서 일반적으로 공통된 생각을 유지해 왔습니다. 그러므로 독자들은 지금 미국 장로교회를 다른 교파와 구별하는 교리, 정부, 예배의 방식에 관한 전체 체계에 대해 주의를 기울일 것을 요청합니다. 그리고 이 모든 것이 "신앙과 실천의 유일 무오한 규칙"인 하나님의 말씀에 명시되어 있음을 보여 주는 것이 이 글의 목적이 될 것입니다.

제2장
장로회주의(Presbyterianism)의 역사

장로교회 질서의 근본적인 원칙은 교회의 아주 초기에 이미 형성되었습니다. 그 원칙은 전체 교회를 한 몸으로 권위 있게 묶는 것과, 전체 교인이 아니라 전체에 의해 선출되고 전체를 대신하여 행동하는 대표들이 교회를 다스리는 것입니다. 가시적 교회의 일을 이렇게 관리하는 방식은 분명히 그리스도께서 오시기 훨씬 전에 채택되었으며, 이는 구약성경을 현명하고 공정하게 읽는 사람이라면 누구도 의심할 수 없는 사실입니다. 의식체계^{ceremonial economy}가 제도화되기 전에도 언약 백성인 하나님의 백성이 아직 애굽에서 종살이하고 있을 때, 우리는 그들에게 장로들, 즉 지파의 우두머리와 통치자로서 백성들을 하나로 뭉치게 하는 경험과 지혜를 갖춘 사람들이 있었음을 발견합니다(출 3:16). 그들에게 맡겨진 권한과 그들이 행사한 권한은 특별히 명시되어 있지 않지만, 그들의 직분이 백성을 살피고 다스리며 민사 및 교회적 성격의 모든 분쟁을 조정하는 것이었다는 것은 너무나 당연하고 확실합니다. 시내산에서 율법이 공표되기 전, 그리고 의식체계가 확립되기 전에 모세는 이스라엘 지파 중에서 지혜롭고 유능한 사람들을 천부장, 백부장, 오십부장, 그리고 십부장으로 임명하여 다스리도록 했습니다(출 18장). 이 통치자들은 구약성경의 거의 모든 부분에서 장로라는 직책으로 등장합니다. 우리가 분명히 알 수 있듯이 이들에게는 모든 일반적인 일에 관한 통치 및 치리권이 주어졌습니다. 아론의 제사장 제도가 제정된 후, 사사 시대와 왕국 시대, 바벨론 포로기, 그리고 포로들이 바벨론에서 돌아온 후에도 백성들 가운데 정의가 이루어지고 질서를 세우는 일에 동일한 방식이 사용되었습니다. 회당 제도가 언제 채택되었든 간에, 장로들로 구성된 기구를 통해 다스리려는 계획은 구주께서 오실 때까지 유대 땅 전체에 걸쳐 보편적으로 시행되었던 것이 분명합니다. 회당은 유대인들의 교구 교회였습니다. 그곳에서 안식일에 대한 일상적인 예배와 교육이 이루어졌고, 하나님의 백성이라고 고백하는 사람들로부터 한 개인을 출교하는 것은 "그를 회당에서 내쫓는 것"으로 표현되었습니다. 바로 이 회당에서 장로교의 본질적인 원칙들이 보편적으로 확립되었습니다. 회당의 체제와 장로교회 체제는 모든 중요한 점에 있어서 거의 정확히 일치했습니다. 요컨대, 모세 체제의 역사에 포함된 전체 기간 동안 우리는 시민 정부뿐만 아니라 교회 정부도 최고 통치자이신 하나님 아래서 백성의 공인된 대표로 활동하는 장로들의 회^{board}에 의해 수행되었다는 확실한 증거를 가지고 있습니다. 모든 도시와 회당이 이와 같은 통치방식에 익숙해져 있었습니다. 교회나 국가를 막론하고 분쟁을 해결하거나 서로 다투는 사람들 사이에서 정의를 실현하기 위해 구성원 전체를 소집한 사례는 찾아보기 어렵습니다. 대의제^{representative system}는 보편적으로 사용되었습니다. 공의를 집행하는 일은 항상 통치자들 또는 관리들로 구성된 기구에 의해 수행되었으며, 모든 경륜이 변하는 가운데에서도 일반적으로 '백성들의 장로'라는 명칭을 사용했습니다.

하지만 이것이 전부는 아닙니다. 각 회당이 장로들로 구성되었고, 그중에 감독 또는 '교회의 사자^{Angel of the Church}'[1]가 사회

---

1 사도 요한이 요한계시록에서 언급하고 있는 일곱 교회를 담당하는 천사(사자)에서 온 말로서 교회의 감독을 의미한다. 사도 요한은 아시아에 있는 일곱 교회에 편지를 쓰면서 각 교회의 사자(angel)에게 편지를 쓰는데, 많은 라틴 교부와 현대 주석가는 이를 각 교회의 감독으로 해석하였다.

자로 있었던 장로회a bench of Elders에 의해 통치되었듯이, 유대인 전체가 하나의 보편 교회였기 때문에 판단이 잘못되었다고 주장되는 경우 언제든지 예루살렘의 '큰 회당'에 항소할 수 있었으며, 그곳에서 잘못된 일을 바로 잡을 기회가 주어졌습니다. 특정 회당의 독립성 같은 것은 인정되지도 않았고 생각하지도 않았습니다. 전체 공동체를 하나의 가시적인 신앙 고백 단체로 묶는 시스템이 일률적으로 운영되었습니다.

기독교로 개종한 최초의 개종자들은 모두 토착 유대인들이었으며, 그들은 방금 언급한 방식으로 여러 '장로회'를 통해 다스리는데 항상 익숙해져 있었습니다. 그리고 이 대의제도는 그 자체로 매우 공정하고, 매우 지혜롭고, 매우 편리했습니다. 그러므로 사도들이 초기 교회를 조직할 때 동일한 제도를 채택한 것은 놀라운 일이 아닙니다. 따라서 영감 받은 필자들이 유대인 헌법에 대해 설명할 때, 제사장들과 구별되는 기구로서 '회당의 통치자들'과 '백성의 장로들'에 대해 계속 말하는 것을 읽을 수 있는 것처럼, 그들이 신약교회의 조직과 절차에 대한 설명을 이어갈 때, 우리는 거의 셀 수 없이 많은 경우에 동일한 언어가 사용되었음을 발견하게 됩니다. 우리는 모든 교회 안에 있는 안수 받은 장로에 대한 내용을 읽고, 또 중요한 질문이 '사도와 장로'로 구성된 대회Synod에 회부되었다는 사실도 발견하며, "잘 다스리지만 말씀과 교리에 수고하지 않은 장로"가 있었음과 교회의 문제를 고려하기 위해 "함께 소집된 교회의 장로"의 모습과 "병자를 방문하고 기도하도록 부름 받은 장로들"에 대한 내용도 접합니다.

신약성경에 묘사된 교회의 치리와 권징을 수행하는 정확한 방식이 현재 그리스도인들에게도 의무적으로 적용되어야 하는지에 대해서는 다양한 답변이 존재합니다. 그 모델과 모든 구체적인 요소에 있어서 완전히 동일해야만 교회가 존립할 수 있다고 주장하는 사람은 거의 없을 것입니다. 특히 장로교인이라면 결코 그렇게 주장하지 않을 것입니다. 그러나 영감을 받은 사람들이 자신들의 사역을 내려놓으면서 승인하고 후대가 사용하도록 남겨둔 교회 질서 체계와 유사할수록 가장 편리하고 안전한 교회를 이룰 수 있다는 사실에 대해서는 의심의 여지가 없습니다. 그 체계가 무엇인지에 관해서는 신약성경을 읽는 지성적이고 공정한 독자들은 분명히 일치된 의견을 갖게 되리라고 생각합니다. 우리가 사도시대의 영감 받은 역사를 여는 순간, 교회의 직분자들에 대한 어떤 진술방식을 발견하고, 더 나아가서 그 당시에는 논쟁의 여지없이 회당의 모델이 널리 적용된 상태였고, 또 영감 받은 성경의 저자들이 교회를 다음 세대의 후계자들에게 맡기면서 이 모델이 보편화되도록 남겨놓았다는 사실을 분명히 밝혀주는 진술을 발견합니다. 우리는 복음을 전파하고, 그리스도의 "양들과 어린양들을 먹이고", 기독교 성례를 집행하는 것이 그리스도의 사역자^{ministers}들에게 맡겨진 가장 고귀한 직분임을 발견합니다. 우리는 하나님의 지시에 따라 모든 교회에서 복수의 '장로'가 안수받은 것을 발견합니다. 신약성경 전체를 통틀어 어떤 경우에도 조직된 회중^{organized congregation}이 한 명의 직분자의 보살핌과 관리 아래 있는 모습은 찾아볼 수 없습니다. 또한, 우리는 '감독^{Bishop}'과 '장로^{Elder}'라는 직함이 같은 사람에게 교호적으로 부여된 것을 발견할 수 있는데, 이는 사도시대에는 '감독'이라는 용어가 하나의 "양 무리" 또는 한 교회의 목회자 또는 '감독자^{overseer}'를 지칭하는 직함이었음을 분명히 보여줍니다. 신약의 역사에서 계급적 성직체계^{prelacy}의 흔적은 찾아볼 수 없습니다. 그리스도의 사역자들 사이에 존재하는 그 어떤 우선권이나 우월성도 명백히 책망 받고 금지됩니다. 말씀과 성례를 담당하는 권위를 부여받은 사역자들에게 주어진 사명은 분명히 단 하나뿐입니다. 구주께서는 세상을 떠나실 때 자신의 교회 안에 그 어떤 더 높은 직분도 허락하지 않으셨으며, 가서 "모든 민족을 제자로 삼아 아버지와 아들과 성령의 이름으로

회를 다음 세대의 후계자들에게 맡기면서 이 모델이 보편화되도록 남겨놓았다는 사실을 분명히 밝혀주는 진술을 발견합니다. 우리는 복음을 전파하고, 그리스도의 "양들과 어린양들을 먹이고", 기독교 성례를 집행하는 것이 그리스도의 사역자^{ministers}들에게 맡겨진 가장 고귀한 직분임을 발견합니다.

세례를 베풀도록" 권능을 받은 사람보다 더 높은 직분에 대해서도 언급하지 않으십니다. 안수의 권세는 일반 목사들이 소유하고 행사하는 것으로, 그리고 '노회의 안수'에 의해 수행되는 것으로 분명하게 표현됩니다. 신약성경 전체에서 평범한 목사든 특별한 목사든 한 개인이 안수를 집행한 사례는 단 한 번도 찾아볼 수 없습니다. 이 주제에 대하여 우리가 발견한 모든 기록된 자료나 이 내용이 암시되어 있는 모든 사례에서는 언제나 복수의 안수자가 안수를 집례했습니다. 바울과 바나바가 특별한 임무를 맡았을 때는 "안디옥 교회의 선지자와 교사들"에 의해 임명되었습니다(행 13장). 그들이 설교하고 교회를 조직하기 위해 나갔을 때, 우리는 그들이 함께 "모든 교회에서 장로를 안수했다"라는 사실을 알 수 있습니다. 디모데는 '노회의 안수'로 임직하였습니다(딤전 1:14). 그리고 사도행전 6:1을 보면, 집사들이 그들의 직분을 위해 구별되었을 때에도 많은 사람이 기도와 금식으로 그들에게 안수했다는 것은 분명한 사실입니다. 사도시대에는 예루살렘이든 안디옥이든 빌립보든 에베소든 눈에 보이는 교회 전체가 하나의 몸으로 간주되었으며, 모두 동일한 법에 따라 통치를 받고, 동일한 권위에 복종하며, 동일한 사법적 결정에 의해 규율되었다는 사실도 분명합니다. 따라서 전체 기독교 공동체가 관심을 가지고 있고 또 공동체에 영향을 미치는 문제가 발생하면, "예루살렘에 있는 사도들과 장로들"로 구성된 총회^{synod}에서 결정하고, 그 총회의 '법령'을 '모든 교회'에 내려보내서 그 교회들이 그 법령을 인정하고 그 법령에 순종하도록 했습니다. 여기서 분명한 사실은 전체 교회의 대표로 활동하는 목사와 장로들로 구성되었고, 전체 교회에 적용되어야 하는 사법적 결정을 선포하는 총회가 있었다는 것입니다. 만약 이것이 장로회주의가 아니라면 스코틀랜드나 미국에도 장로회주의와 같은 종류의 것은 없었다고 말해야 할 것입니다.

우리가 신약성경에서 가장 초기에 기록된 영감 받지 않은 고대의 기록으로 넘어갈 때, 동일한 형태의 교회 질서가 모든 곳에 분명히 있었던 것을 볼 수 있습니다. 이그나티우스^{Ignatius} $^{of\ Antioch}$의 서신에 의해 공개된 교회 정부 계획은 그의 시대에 실제로 존재했던 것으로 명백히 장로교 적입니다. 그는 자신이 말하고 있는 모든 특정한 교회에, 감독이나 목사 그리고 장로와 집사들의 모임이 갖추어져 있는 모습으로 나타냅니다. 또한 이 직분자들이 모든 예배를 위한 모임에 참석했음을 암시하는 표현을 계속해서 사용하고 있습니다. 그리고 그는 목사나 감독을 머리로 하여 이 장로들이 각 교회를 다스리고 치리의 기능을 수행했다는 사실을 우리가 이해할 수 있도록 가장 분명하게 제시합니다. 이그나티우스와 동시대인인 로마의 클레멘스Clemens Romanus도 비슷한 맥락의 말을 했습니다. 그는 감독과 장로, 즉 감독직과 장로직을 동일한 직분으로 표현하면서, 장로회는 교회의 선택에 의해 "교회 위에 세워졌다"라고 명시적으로 말합니다. 그리고 그는 이들에 대항하여 반란을 일으키는 것을 매우 범죄적인 것으로 간주했습니다. 2세기에 살았던 이레네우스Irenaeus of Lyons의 증언도 이 제도를 지지하는 데 결코 적지 않은 역할을 합니다. 그는 계속해서 감독과 장로라는 칭호를 동일한 사람에게 적용하고, 장로와 감독을 통한 '감독직의 계승'을 동일한 것으로 말하며, 더 나아가 사도적 계승apostolical succession, 감독직의 계승Episcopal succession, 장로직의 계승Presbyterial succession을 모두 동일한 것으로 표현합니다. 요컨대, 각 직책과 연관되어 있고 모두에게 동일하게 부여된 존엄성, 권한, 의무 사이에서 그보다 더 세심하고 정확한 균형을 유지할 수는 없었습니다. 저는 이와 동일한 의미를 전하는 말로서 저스틴 마터Justin Martyr, 알렉산드리아의 클레멘스Clemens Alexandrinus, 그리고 다른 초기 교부들의 말도 인용할 수 있습니다. 하지만 더 자세히 설명할 필요는 없습니다. 분명한 것은 그리스도 이후 처음 200년 동안은 그리스도 교회에서 계급적 성직제도^Prelacy나 독립교회주의가 알려진 바가 없다는 사실입니다. 그 기간 동안 그런 것들을 주장하거나 암시하는 기록은 단 하나도 없으며 모든 사실이 그와는 반대되는 측면을 말하고 있습니다. 그리스도인이라고 고백하는 모든 무리에는 목사 또는 감독이 있었고, 그들에 의해 통치와 권징이 이루어졌으며, 가난한 사람들을 구제하기 위해 모금된 기금을 모금하고 지출하는 집사회^body of Deacons가 있었습니다.

그리스도 이후 3세기에 들어와서는 환경이 바뀌기 시작했습니다. 3세기 가운데 박해가 없고 비교적 외형적으로 번영을 누렸던 시기에는 이전 시대의 단순함과 순수함에서 피부로 느껴질 정도로 매우 벗어난 모습을 보였습니다. 하나님의 백성이라고 고백하는 회중들의 관심이 이단과 분열로 분산되기 시작했습니다. 교회의 사역과 장로직은 열심과 신실함 모두에서 쇠퇴했습니다. 성직자들은 야심을 품고 사치스러워졌으며, 그 결과 자연히 음모와 다툼으로 가득차게 되었습니다. 키프리아누스^Cyprianus, 오리게네스^Origenes, 유세비우스^Eusebius가 3세기에 만연했던 성직자들의 자만심, 상호 침범, 타락한 분쟁에 대해 묘사한 그림은 진정으로 가장 혐오스러운 모습입니다. 실제로 어떤 사람들은 키프리아누스 시대의 교회가 전반적으로 교회가 가질 수 있는 가장 완전하고 만족스러운 모델이 된다고 말하기도 합니다. 이런 의견을 가지는 사람들은 성경이 제시하는 기준과는 매우 다른 기준에 따라 교회의 바람직한 모습이 무엇인지에 대해 판단한 것이 분명합니다. 만약 이들에게 방금 언급한 저술가들의 진술을 편견 없이 읽게 하면 그들의 견해는 곧 바뀔 것입니다. 3세기의 성직자들이 특혜와 직책과 자리를 향한 과도한 열망을 품게 되는 모습이 만연한 것은 당연한 수순일 것입니다. 실제로 그런 상황에서 계급적 성직체계가 일어나는 것을 막기 위해서는 끊임없는 기적이 이어져야 했을 것입니다.

이뿐만이 아니었습니다. 교회가 처음의 단순성과 순수성을 잃어가자, 일부 진지한 성직자들은 대중을 교회로 끌어들이기 위해 다른 형태의 매력에 호소하는 것이 정당하다고 생각했습니다. 유대인들을 끌어들이기 위해 그들은 성전 예배에 속한 일부 칭호, 의식 및 예복을 채택하기 시작했습니다. 그들은 기독교 사역을 '제사장직'이라고 부르기 시작했고, 자연스러운 결과로 '제사장'과 '대제사장', '제단', '제사' 등에 대해 말하기 시작했는데, 신약성경에는 기독교적 경륜에 관련하여 이 모든 것에 대한 최소한의 근거도 없습니다. 다른 교회 지도자들은 이교도들을 화해시키고 끌어 들이기 위해 이교도의 의식에서 다양한 것들을 도입하였는데, 이는 벙어리 우상의 추종자이자 또 기독교 예배가 단순하고 화려하지 않다는 사실에 가장 큰 불만을 가진 이들의 눈에 기독교 의식이 더 화려하고 눈부시며 매혹적으로 보이도록 만들기 위한 의도였습니다.

그 결과 3세기 말경에 이르러 수직적 성직체계가 서서히 그리고 교묘하게 들어오기 시작했습니다. 모든 직분에 속한 성직자들은 야심을 품고 넘지 말아야 할 선을 넘는 일에 동참했습니다. 사도들이 가난한 이들과 교회의 현세적 소유를 보호하는 자들로 임명했던 집사들은 너무 교만해져서 그들의 직분에 합당한 임무를 수행하지 못했고, '부집사'를 고용하여 공식 업무를 수행했으며, 얼마 후에는 설교와 세례의 권한까지도 주장하였습니다. 장로들도 같은 정신을 가지고 있었고, 그들 대부분은 치리만을 위해 선택되고 구별되었지만, 교회의 규율이 이완되고 인기가 없어지고 마침내 상당 부분 버려짐에 따라 그들은 모두 공적인 교사가 되기를 열망하고 자신들에게 원래 주어진 사역을 떠나서 자신들이 더 명예로운 직무로 여기는 것으로 돌아섰습니다. 한 회중의 감독자 또는 목사였던 감독들bishops은 원래 자신이 담당했던 교회에서 떨어져 나와 설립된 이웃 교회에 대한 권위까지도 주장했습니다. 그 결과 그들은 서서히 고위성직자가 되었습니다. 이 새로운 직책은 옛 이름을 내세우며 은밀하게 들어왔습니다. 야심을 품고 선을 넘는 행태는 여기서 멈추지 않았습니다. 대도시의 대주교와 총대주교는 감독들 위에 군림하기 시작했습니다. 그리고 계급의 등급을 매기기 위해 '로마 감독'은 자신을 둘러싼 제국의 화려함에 유혹을 받고, 제국 권력의 후원에 힘입어 지상에서 그리스도 다음가는 최고의 머리이자 구세주의 뜻에 대한 무오하고 완전한 해석자로 인정받게 되었습니다.

이러한 진술은 가장 고매한 인격을 지닌 초기 기독교 저술가들에 의해서 확인되었는데, 이들은 자신들이 말하는 범죄적 혁신criminal innovation과 거의 동시대에 살았던 사람들입니다. 주후 376년경에 글을 쓴 암브로스St. Ambrose는 에베소서 4:2에 대한 주석에 다음과 같이 말했습니다.

> "각처에 교회가 세워지고 직분자들이 임직하게 된 후에는 교회가 시작하던 때와는 다른 방식으로 여러 일들이 진행되었다. 그 결과 사도들의 기록은 모든 일에 있어서 현재의 교회 헌법과 일치하지 않는데, 이는 사도들의 기록이 교회가 처음 일어났을 때에 기록되었기 때문이다. 바울은 자신이 장로로 세운 디모데를 감독이라 불렀는데, 이는 처음에는 장로들이 그렇게 불렸기 때문이다."

이 구절은 너무나도 명료해서 별다른 설명이 필요 없습니다. 하지만 제롬은 더 분명하고 단호하게 이를 표현했습니다.

"고대인들 사이에서는 장로와 감독이 동일했다. 그러나 모든 불화의 씨앗들을 제거하기 위해서 조금씩 한 사람에게 모든 관심이 집중되기 시작했다. 그러므로 교회의 관습에 따라 장로들이 그들의 대표인 감독에게 복종한다는 것을 장로들이 알고 있듯이, 감독들도 자신들이 장로들보다 더 위에 있는 것은 예수 그리스도께서 정하신 참된 제도에 따른 것이기 보다는 교회의 관습에 따른 것이라는 사실을 알아야 한다."

제롬은 사도시대에는 감독과 장로가 동일했다는 자신의 입장을 확립하기 위해서 장로교인들이 300년 동안 관습적으로 인용해왔던 바로 그 성경구절들을 정확하게 인용했습니다. 히포의 주교 어거스틴^{Augustine of Hippo}의 증언도 마찬가지입니다. 그는 동시대 장로였던 제롬에게 보낸 편지에서 다음과 같이 자신을 표현합니다.

"당신이 필요하다고 느낄 때 나를 신실하게 교정해 주기를 간청합니다. 교회의 관습이 현재 사용하고 있는 명예로운 호칭에 따르면 많은 면에서 감독의 직분이 장로보다 더 높지만, 그럼에도 불구하고 많은 면에서 어거스틴은 제롬보다 열등합니다."[2]

주얼 Jewel 주교가 그의 "잉글랜드 국교회를 위한 변증(Defence of his Apology for the Church of England)"에서 감독과 장로들의 본래의 정체성을 보여주기 위해 어거스틴의 이 구절을 인용하여 다음과 같이 번역한 것은 주목할 만한 가치가 있습니다. "감독의 직분이 사제의 직분보다 위에 있는 것은 성경의 권위에 의해서가 아니라 교회의 관습이 지금 얻은 명예로운 호칭을 따랐기 때문이다."[3]

마지막으로, 4세기 말에 쓴 크리소스톰 Chrysostom의 증언도 같은 맥락입니다. 디모데서신에 대한 11번째 강론에서 그는 이렇게 말합니다.

"바울은 감독들에 대해 말하고 그들에 대해 설명한 후 집사들에 대해 말합니다. 하지만 왜 그럴까요? 왜냐하면 감독과 장로 사이에는 큰 차

---

2 *Oper. Tom. II. Epist.* 19. *ad Hieron.*
3 *Defence*, 122, 123.

이가 없기 때문입니다. 장로들에게도 감독들과 마찬가지로 교회의 가르치고 다스릴 수 있는 권세가 맡겨졌기 때문입니다. 그리고 바울은 자신이 감독에 관해 말한 것과 동일한 내용을 장로들에게도 말하려는 의도를 가지고 있었습니다. 왜냐하면 감독들은 안수에 관해서만 우위에 있을뿐인데, 이것도 그들이 장로들을 속인 것 같기 때문입니다."

탁월한 웅변가인 교부의 이 구절은 더 이상 설명이 필요 없습니다. 하지만 굳이 의미를 덧붙이자면, 크리소스톰은 당시 감독들이 장로들보다 우위를 점할 수 있는 유일한 지점은 안수 뿐이었지만 이마저도 부정한 방법으로 얻었다는 생각을 분명하게 전달하고 있습니다. 그가 이런 의미로 말을 했다는 것은 의심의 여지가 없으며, 우리는 이를 '사취defraud'라고 번역합니다. 데살로니가전서 4:6에서도 같은 말을 합니다. "이 일에 분수를 넘어서 형제를 해하지defraud 말라"[4] 또 고린도후서 7:2도 "우리는 아무에게도 불의를 행하지 않고 아무에게도 해롭게 하지 않고 아무에게도 속여 빼앗은defrauded 일이 없노라" 당대 감독들이 누렸던 특별한 대접이 신적인 보증에 근거한

---

4   역자주: 저자가 사용하는 KJV역에는 한글개역개정 성경에 "해하다"라고 번역된 단어를 "defraud"라는 영어 단어로 번역하고 있다.

것인지 아니면 부정하게 얻은 것인지에 대해서 말할 때, 4세기 사람들 중 크리소스톰 만큼 모든 면에서 유능한 사람은 없었다는 사실을 기억해야 합니다.

따라서 고대인들이 우리의 증인이 되어서 사도시대에 감독과 장로는 동일한 직분이었다는 사실을 분명하게 보여줍니다. 감독은 교구 목사ministers였으며, 모든 교구에서 목사를 수장으로 하는 장로회가 치리와 권징을 집행했고, 물론 복음 사역에 있어서 장로들의 동등성이 보편적으로 우세했으며, 안수 예식은 복음을 전파하고 성례를 집행할 권한을 가진 모든 사람에게 동등하게 주어진 특권이었고, 이 예식은 관습적으로 '노회의 안수에 의해' 시행되었다는 사실도 명백합니다. 뿐만 아니라 사도시대가 끝난 후 100여 년 동안 이런 상황이 계속되었으나 그 후 성직자들의 자만심과 야심과 육신적 욕망이 이전 시대 보다 현저하게 그 본성적인 결과를 드러내기 시작했으며, 그리고 더 부유한 도시의 목사들이 자신을 사도들의 후계자로 자처하며 특별한 우월성과 권세를 주장했고, 이것이 조금씩 그리고 조금씩 인정되어 결국에는 영구적으로 확립되었다는 사실도 명백합니다. 따라서 교구의 감독 또는 한 회중을 담당하는 목회자들은 점차 대교구의 감독 혹은 고위성직자로 변모했으며, 오래되고 친숙한 직분명을 사용하면서 새로운 직책이 교묘하게 도입되었던 것입니다. 4세기에 기독교가 제국의 종교로 자리 잡으면서 성직자들은 제국의 후원을 받고, 제국의 권위에 의해 보호받으며, 제국에서 얻은 계급질서에 따라 그들에게 명예가 부여되자, 세속적인 정책의 계획과 영광에 묻혀 교회가 가졌던 원시적인 단순함과 순수함의 흔적은 모두 사라졌습니다. 그 결과 이제 감독들은 더이상 '양떼의 본보기'가 아니라 '하나님의 유산을 다스리는 군주'가 되었습니다.

그러나 이렇게 사도적 교회 질서 모델에서 벗어난 모습이 보편적이었다고 생각해서는 안 됩니다. 겸손하게 한 걸음 물러난 상태에서 교리뿐만 아니라 원래의 치리체계를 충실하게 증언하는 '진리의 증인'들도 있었습니다. 7세기에 순진한 마음을 가진 바울파들Paulicians은 수직적 성직체계가 범한 위반사항에 대해 증언했습니다. 그리고 얼마 지나지 않아 발도파Waldenses와 알비파Albigenses가 그들의 뒤를 이어 장로교적 단순성을 해친 모든 것에 대하여 더욱 분명하고 격렬하게 항의했습니다. 이것은 다른 사람들뿐만 아니라 계급적 성직체계를 옹호하는 많은 사람도 인정하는 사실입니다.

훗날 교황 비오 2세가 된 아이네아스 실비우스Aeneas Sylvius는 다음과 같이 선언했습니다. "그들(왈도파)은 계급체제를 부정하고, 사제들 사이에는 존엄성이나 직분에 따른 차이가 없다고 주장한다"라고 선언합니다. 트렌트 공의회에 참여했던 학식있는 성직자 메디나Medina는 사역자 평등ministerial parity 교리가 아에리우스Aerius와 발도파, 그리고 그가 구체적으로 언급한 다른 사람들에게서 정죄되었다고 주장했습니다. 벨라민Bellarmine은 발도파가 신성한 계급적 성직체계의 신적인 권리를 부정했음을 인정합니다. 엘리자베스 여왕 통치 당시 탁월한 학식을 가졌던 국교회 신학자이자, 옥스퍼드 대학의 신학 교수였던 레이놀즈Rainolds 목사는 이 주제에 관하여 프란시스 놀리스 경Sir Francis Knollys에게 보낸 글에서 다음과 같이 선언합니다.

"과거 500년 동안 교회 개혁을 위해 노력한 모든 사람은 주교 혹은 사제로 불렸던 모든 목회자가 동등한 권위와 권세를 부여 받았다고 가르쳤습니다. 이들 중에는 먼저 발도파가 있고, 다음으로는 마르실리우스 파타비누스(Marsilius Patavinus)가 있으며, 이어서 위클리프와 그의 제자들, 그리고 후스와 후스파들, 마지막으로 루터, 칼빈, 불링거, 무스쿨루스 등이 있었습니다."

그들의 역사가인 장 폴 페린Jean Paul Perrin과 새뮤얼 모랜드

경Sir Samuel Morland은 이 말을 전적으로 확증하는 진술을 하고 또 그런 문서를 만들었습니다. 발도파의 일부 기록에는 질서를 위해 특별한 임무를 수행한 특정 원로들이 언급되어 있지만, 우리는 그들이 신적인 권리에 의해 우월성을 주장하지 않았다는 것을 분명히 알 수 있습니다. 따라서 편견에 찌든 국교회 신자였던 피터 하일린Peter Heylin은 같은 발도파의 한 분파이며, 그들로부터 목사를 받은 것으로 알려진 보헤미안 형제단에 대해, "그들은 감독bishop이나 감독자superintendent의 역할을 하는 상급 직분자에 의지하지 않고 그들끼리 목사를 안수하는 방식을 사용할 정도로 타락했다"라고 말합니다. [5] 밀너Milner의 교회사를 이어서 집필했던 경건한 국교회 신자인 존 스콧 John Scott 목사는 1530년에 발도파의 가장 헌신적인 사역자 중 한 명인 조지 마우젤George Mauzel이 저명한 종교개혁자 외콜람파디우스Ecolampadius에게 보낸 발도파의 교리와 관행에 대하여 특별히 언급하면서, 그 사역자의 분명한 진술에 따르면 그들의 사역에서 주교, 사제, 집사가 서로 다른 지위에 속하는 질서는 존재하지 않았다고 전합니다. [6] 발도파의 역사에 관한 저

---

5   Peter Heylin, *History of Presbyterianism*, 409-410.
6   Joseph Milner, *The History of the Church of Christ*, Vol. I:139.

술가 중 가장 최근이면서 가장 심오한 저술가 중 한 명인 애덤 블레어^Adam Blair 목사는 확신에 찬 목소리로 그들의 교회 정치가 감독주의가 아니었다고 주장하고 또 이를 보여줍니다.[7] 그는 "장로교인들과 독립교인들과 마찬가지로, 그들도 주교, 대주교 등 당시 서방 교회에서 받아들이고 있던 제도, 곧 사역자들 사이에 서로 다른 지위를 보장하는 제도가 세워지는 것을 거부했다"라고 말합니다.[8] 계속해서 그는 말하기를 "영국에 있는 그 어떤 형태의 교회 정부도 고대 발도파와 정확히 동일하지는 않다." 국교회 신자들^Episcopalians은 그들에게 상시적인 중재자가 있는 것으로 보고 그 중재자를 감독^bishop처럼 생각한다. 그러나 국교회 성직임명과 관련하여 국교회 신자인 아클랜드^Acland 씨는 "더 이상 발도파들은 우리가 소중히 간직하는 우리 교회의 정당한 장식물들을 가지고 있지 않다는 사실에 대해서는 의심의 여지가 없다"라고 우리에게 알려줍니다. 그들에게 총회^Synod가 있고 각 회중에 콘시스토리^consistory 또는 당회^session도 있으므로 그들은 장로교인들입니다. 그러나 차이점은 우리나라에서 총회와 노회는 매년 새로운 의장^moderator이

---

7 Adam Blair, *History of the Waldenses*, in two volumes octavo. 1833.
8 Blair, *History of the Waldenses*, I:176.

있고, 평신도 장로가 파송되지만, 발도파는 모여서 그 장로를 지명한다는 점입니다.

총회의 의장이 교회법정에서 지명한 다른 회중들을 방문하는 것은 본질적으로 노회Presbytery에 전혀 어긋나지 않습니다. 국교회 신자인 길리Gilly 씨는 현재의 발도파가 다른 어떤 형태의 교회 정부보다 장로교에 더 가깝지만 그렇게 엄격하지는 않다는 사실을 인정합니다.[9] 그러나 이 모든 주제를 분명하게 밝혀주는 의심의 여지가 없는 사실이 있습니다. 바로 제네바에서 종교개혁이 시작된 후 발도파는 우리 모두가 엄격한 장로회주의라는 것을 알고 있는 그 교회와 교제를 나눴을뿐만 아니라 그 교회에서 안수 받은 목사를 인정했으며, 당연히 가장 강력하고 실제적인 방식으로 안수의 유효성을 인정했다는 사실입니다. 만약 그들이 현대의 계급적 성직주의자들과 같은 시각으로 이 문제를 바라보는 습관이 있었다면, 결코 그렇게 할 수 없었을 것입니다.

그러나 발도파는 목회자 평등에 관해서는 단순한 장로회주의가 아니었습니다. 그들의 가장 진실한 저술가들에 따르면, 뿐만 아니라 그들의 가장 끔찍한 정적들조차 인정한 바에 따

---

9   Blair, *History of the Waldenses*, I:540-41.

르면, 그들은 거의 모든 면에서 우리가 사랑하는 교회와 닮았습니다. 그들은 하나님에 대한 예배에서 인간이 개발한 모든 것을 거부했습니다. 세례에서 십자가 성호를 긋는 일, 금식과 축제일, 어린이와 청소년의 견진성사, 공적 예배를 위한 건물을 거룩하게 성별하는 행위 등과 같은 것들이 여기에 해당합니다. 우리가 들은 바에 따르면, 그들의 모든 교회는 일 년에 한 번 모이는 회의Synods에 의해 하나로 묶여 있었고, 이 회의들은 장로교회와 마찬가지로 목사와 치리 장로로 구성되었으며, 그들의 임무는 목회자 후보생들을 심사하고 안수하는 것이며, 그들 전체 교회에 관한 모든 것을 권위 있게 명령하는 일을 했습니다. 그러므로 우리는 역사적 진실성을 엄격하게 고려할 때, 교회의 가장 어둡고 부패한 시기에 장로교는 가장 순수하게, 그리고 실제로 당시 존재했던 것으로 알려진 유일한 순수한 교회 안에서 살아있었다고 말할 수 있습니다.

교황제도로부터 종교개혁이 일어났을 때, 그 영광스러운 업적의 지도자들이 거의 만장일치로 장로교 원칙을 선포하고 지지하는 데 동의한 것은 놀랍고도 교훈적인 일입니다. 독일의 루터Luther, 멜랑히톤Melancthon, 부써Bucer, 프랑스와 제네바의 파렐Farel, 비레Viret, 칼빈Calvin, 스위스의 츠빙글리Zwingli와 외콜람파디우스, 이탈리아의 피터 마터^{Peter Martyr}, 헝가리의 아라스코^{A. Lasco}, 네덜란드의 유니우스^{Junius}와 다른 사람들, 스코틀랜드의 녹스^{Knox}, 그리고 심지어 잉글랜드에서도 가장 각성되고 경건한 종교개혁의 친구들 중 결정적인 다수가 모두 일치된 의견을 가졌습니다. 그들은 모두 사도시대에는 계급적 성직체계가 없었고 감독과 장로는 동일하다는 사실과 다스리는 장로 뿐 아니라 가르치는 장로에 의해서 이루어지는 교회의 통치는 성경에 명백히 보증되어 있다는 사실, 그리고 개별 회중은 독립된 공동체로 간주되어서는 안 되며, 그들이 속한 몸에 있는 수많은 지체로서 전체의 유익을 위해 그들의 대표로 이루어진 회의체의 통치를 받아야 한다는 사실에 동의했습니다. 개혁교회의 이 다양한 지도자들이 모두 실제로 각자의 교회 기관에서 장로교 질서를 세운 것은 아니지만, 프랑스, 독일, 네덜란드, 헝가리, 제네바, 스코틀랜드의 모든 개혁교회는 원리만이 아니라 실제적으로도 철저한 장로교회였으며, 심지어 루터교도들도 목회자 평등이 사도적 교회의 질서이며 교회의 초기에는 모든 교회에서 치리 장로들이 통치와 치리를 수행했음을 보편적으로 인정했습니다. 그러나 그들 중 다수는 교회가 모든 면에서 사도적 정부 및 권징의 모델을 고수할 의무가 없으며, 긴급한 상황에 따라 그리고 교회의 필요

대로 자유롭게 수정할 수 있다고 주장하면서, 서로 다른 형태의 규제와 권징을 채택했으며, 사도적 단순함의 시대에 실제로 사용되었던 제도와는 다르다고 고백하는 것을 주저하지 않았습니다. 잉글랜드 국교회는 종교개혁 당시 모든 개신교 사회에서 유일하게 계급적 성직제도를 채택한 교회였습니다. 이는 그 나라에서 교회 개혁에 앞장섰던 이들이 주교, 궁정 성직자, 군주들이었기에 일어난 현상입니다. 왜냐하면 예상했던 대로 이들은 오랫동안 확립되어 온 교회적 우월권 제도the system of ecclesiastical pre-eminence를 유지하기로 결정했기 때문입니다. 그러나 이 종교개혁은 원래 신적인 권위가 없이 이루어졌으며, 유럽대륙에 있는 모든 비감독주의 교회와 교류하고 교제하려는 정신이 없이 진행되었기에 결국에는 그 왕국에 있었던 가장 탁월한 경건과 학식을 가진 종교개혁의 친구들 대부분의 판단과는 다른 교회개혁을 이루게 되었던 것입니다.

장로회주의를 반대하는 이들은 장로회주의에 대하여 잘 알지 못하므로 이러한 장로교 형태의 교회 질서를 처음 개발한 사람은 칼빈이었고, 또 제네바 교회에서 이 제도가 처음 시행되었다고 주장합니다. 그런데 저는 이런 주장을 하는 사람들의 무지함에 혀를 내두릅니다. 그들은 사도시대에 장로교 질서가 명백히 존재했다는 것, 이그나티우스의 서신과 이 안디옥 목사의 뒤를 이은 다른 교부들의 저술에 이 질서가 명백히 묘사되어 있다는 것, 그리고 장로회주의가 우리가 보았듯이 경건한 발도파들 사이에서도 인정받아 설립된 교회 질서라는 사실에 대한 모든 언급을 간과합니다. 또한 칼빈이 개혁자로 그 모습을 드러내기 훨씬 이전에, 심지어 그가 스위스와 제네바에 나타나기도 전에 이미 스위스와 제네바에서 장로교회가 시행되었다는 사실은 의심의 여지가 없습니다. 앞서 인용한 밀너의 교회사를 이어서 기술했던 국교회주의자인 목사 스콧은 칼빈이 19세에 불과하고 교계에도 전혀 알려지지 않았던 1528년에 이미 "장로교적 교회 정부 형태가 스위스에 도입되었다"라고 명시적으로 언급했으며, 칼빈 시대 이전부터 츠빙글리가 목회자 평등 교리를 일관되게 가르쳐 왔다고 말합니다. 마찬가지로 제네바에서도 칼빈이 그 도시에 오기 전에 이미 그의 동포인 파렐과 비레가 그곳에서 장로교 원칙에 따라 종교개혁을 시작했었습니다. 칼빈이 제네바에서 이들과 동역하기로 했을 때, 이미 노회^{Presbytery}가 그곳에 설립되어 있는 것을 보았기에, 칼빈은 자신이 해야 할 일은 교회의 권징을 수행하기 위해 치리장로회^{a bench of Ruling Elders}를 추가하여 그 제도를 완성하는 것뿐이었습니다. 비록 칼빈은 이 치리장로회가 성경이 분명히 보증하는 것으로 생각하고 제시한 것은 사실이지만, 사실 이것조차도 그는 자신이 발명한 것이 아니었고, 보헤미안 형제라고 불리는 발도파의 한 분파로부터 가져온 것이었다고 고백했습니다.

장로교는 스코틀랜드, 네덜란드, 프랑스, 제네바, 독일에서 오랫동안 존재해 왔으며, 이 여러 나라에서 사소한 세부 사항과 주로 여러 교회 회의의 명칭과 그 구조^{arrangements}에서만 차이가 있을뿐 실질적으로는 동일한 제도입니다. 18세기 초에 미국 장로교회를 시작한 사람들은 주로 영국 북부와 아일랜드에서 온 이민자들이었기 때문에 스코틀랜드 교회는 다른 어떤 교회보다 그들의 모델이 되었습니다. 우리의 모든 치리제도와 교회 명칭은 거의 예외 없이 스코틀랜드에서 가져온 것입니다. 우리의 교회적 어머니^{ecclesiastical Mother}로서 우리가 '교회 당회^{Church Session}'라고 부르는 것을 유럽 대륙의 대부분의 장로교인들은 '콘시스토리^{Consistory}'라고 부르며, 우리가 '노회^{Presbytery}'라고 부르는 것을 그들은 '클라시스^{Classis}'라고 부릅니다. 그러나 일반적인 원칙에 있어서, 우리 모두 전적으로 동의합니다.

비록 스코틀랜드, 네덜란드, 제네바, 독일의 일부 지역에서 장로교가 국가와 연결되어 있었고, 또 지금도 연결되어 있다는 것은 잘 알려진 사실이지만, 이것은 결코 필연적으로 그럴 수밖에 없는 것이 아니며 심지어 자연스러운 관계라고 할 수도 없습니다. 어떤 경우든 이와 같은 국가와 교회의 결합이 이루어졌다는 사실은 깊이 한탄할 일입니다. 모든 경우에 이 결합이 본질적으로 해롭다는 것이 증명되었으므로 이 사실에 대해서는 충분히 확언할 수 있을 것입니다. 이러한 형태의 교회 질서는 사도시대에 이미 존재했고, 시민 정부와 아무런 관련이 없었을뿐만 아니라 가장 혹독한 박해 가운데서도 존재했으며, 마지막 사도가 자신의 상급을 받기 위해 이 땅을 떠난 후에도 100년 이상 지속되었습니다. 이는 경건한 발도파들 사이에 존재했던 모습과 같은 이런 형태의 교회 질서에 대해서도 마찬가지로 말할 수 있습니다. 이 교회 질서는 어떤 경우에도 국가의 후원이 아니라 끊임없는 박해의 대상이었습니다. 그리스도의 교회가 어떤 형태로든 국가와 연합을 추구하거나 시민 권력의 지원을 받기로 동의한 적이 있다는 것은 매우 유감스러운 일입니다. 그러한 연합의 결과 예외 없이 신앙religion에는 재앙적인 결과를 가져왔습니다. 교회의 영적 안녕spiritual welfare을 위한다면, 박해를 받는 편이 시민 정부의 지원을 받는 것보다 훨씬 더 낫다는 것은 의심의 여지가 없는 사실입니다.

다행히도 미국 장로교회는 국가와 어떤 종류의 관계를 형성하거나 추구한 적이 없습니다. 아니, 미국교회는 이보다 더 나아갔습니다. 우리나라가 독립한 후, 우리의 교회 정관을 개정하고 수정할 때가 되었을 때, 우리 선조들은 교회에 관한 일에서 국가 관리의 개입과 관련된 모든 것을 제거해 버리고, 시민정부로부터 어떤 종류의 종교적 시설이나 특혜를 받는 기독교인들의 특정한 계층이나 교파가 생기는 것을 반대하는 엄숙한 선언을 도입했습니다. 따라서 우리의 공적 표준 문서에는 우리 자신이나 다른 교회가 정부의 호의로부터 최소한의 후원이나 우월성을 얻기 위한 어떤 주장이나 시도에 대한 공개적이고 엄숙하며 영구적인 항의가 포함되어 있습니다. 장로교회 전체에서 이 사실보다 더 확고하고 깊이 뿌리를 내린 채 널리 퍼져있는 정서도 없습니다. 교회에, 어떤 식으로든 국가와 직간접적으로 연결되는 것보다 더 큰 재앙이 없다는 것은 보편적으로 확립된 원칙으로 여겨지고 있습니다.

이 역사적 스케치를 마무리하기 전에 장로회주의가 모든 시대에 걸쳐 '인권the rights of man'에 우호적이었으며, 시민적이고 종교적 자유를 파괴하기보다는 발전에 도움이 되었다고 말하지 않는 것은 장로교에 대해서 심각한 불의를 행하는 일일 것입니다. 이렇게 말하는 이유는, 어떤 장로교인도 박해의 정신이나 실제 박해에 아무런 책임이 없다고 주장하려는 것이 아니라, 그저 교단적 차원에서 볼 때 장로교회의 일반적인 특성은 지식의 확산과 양심의 권리와 합리적 자유의 향유에 우호적인 모습을 보여 왔다는 것을 말하고자 하는 것입니다. 장로교는 종종, 아니 수도 없이 박해를 받기만 했을뿐 박해하는 교회는 아니었습니다. 물론 소수긴 하지만 이 주장과 반대되는 모습을 보였던 사례들이 있기는 합니다. 하지만 그런 것들은 개인의 실수와 연약함에 기인하거나 또는 가장 잔인한 억압의 희생자였던 사람들이 권력을 잡게 되었을 때 바로 직전에 자신을 핍박했던 피에 굶주린 박해자들을 보고 순간적 충동으로 보복하는 경우였습니다. 세르베투스Servetus의 죽음(심지어 그의 죽음에 대한 모든 책임을 그의 적들이 칼빈에게 돌리는 것을 좋아했지만, 이에 대해서 정통하고, 공정한 사람이라면 누구나 그것이 사실이 아니라는 것을 알고 있다)은 장로교와 아무런 관련이 없었습니다. 17세기에 영국 장로교도들이 타인에게 가한 과도한 모습은 거의 모두 "억압은 현명한 사람도 미치게 만든다"라는 격언에 해당하며, 그것마저도 자기 방어의 차원을 넘어서는 경우는 거의 없었습니다. [10] 최근에 제네바에서 복음주의자들이 겪었던 지

---

10   지적이고 양심적인 사람들이 세르베투스 사건에 대해 그렇게 격렬하게 항의하고,

독하고 무자비한 경험은 유니테리언^{Unitarian}들의 악명 높은 행위입니다. 이는 16세기에 자신들과 마찬가지로 그리스도의 인성만을 믿었기 때문에 그분께는 신성한 예배를 드려서는 안 된다고 생각했던 프란시스 데이비드^{Francis David}를 감옥에 던져 지어 죽게 하도록 소시니안^{Socinian}의 지도자들을 자극했던 것과 같은 정신입니다.

특히 우리나라에서 장로교회가 조직된 형태로 존재해 온 지난 130년 동안 장로교는 시민적, 종교적 자유의 친구임을 일

공위시대(period of the Commonwealth)에 영국에서 독립파가 일부 국교회 성직자들에게 가한 가혹행위를 그토록 끔찍하게 조명하면서도, 국교회 고위성직자들이 100배는 더 빈번하고, 더 심하게 가했던 박해의 사례는 완전히 잊어버리는 것은 참으로 놀라운 일입니다. 크랜머 대주교는 즉시 최소 4명을 화형장으로 끌고 갔는데, 그 중 2명은 여성이었습니다. 그 성직자의 그릇된 열심에 의해 점화되어 온순하고 경건한 앤 아스큐(Anne Askew)의 몸을 태운 불길은 칼빈을 박해자의 왕자로 제시했던 사람들을 오히려 혼란스럽게 만들었습니다. 이 외에도 에드워드 6세의 통치 기간 동안 그는 자신의 교회 역사가들에 의해 조안나 보처(Joanna Bocher)와 조지 파리(George Paris)를 죽음에 이르게 만들고, 어린 왕이 그들을 태우는 영장에 서명하면서 느낄 양심의 가책을 극복하게 만들었다고 고백합니다. 다시 말하지만, 제임스 1세 통치 기간 동안 영국에서는 신앙을 이유로 약 25명이 교수척장분지형에 처해졌습니다(Brook, *History of Religious Liberty*, Vol. II, 403 참조). 같은 통치 기간 동안, (A.D. 1612) 바르톨로뮤 리게이트(Bartholomew Legate)와 에드워드 와이트맨(Edward Wightman)은 같은 이유로 전자는 런던 주교 킹(John King) 박사의 직접적인 관리와 권한 아래서, 후자는 리치필드와 코벤트리의 주교 닐(Niele)의 지휘 아래서 화형을 당했는데, 그들은 이들을 화형에 처할 수 있는 직접적인 권한을 가지고 있었습니다. 세르베투스 사건 이후 반세기가 넘었으니 잉글랜드의 성직자들이 양심의 권리에 대해 조금 더 깨달았을 것이라고 생각할 수도 있을 것입니다. 그러나 성직자, 특히 로드(Laud) 대주교와 그의 보좌관들에 의해 행사된 비참한 억압과 잔인함, 그리고 찰스 2세와 제임스 2세의 통치를 상징하는 영국 북부와 남부에서 일어난 더욱 잔인한 추방, 투옥, 학살은 마음을 아프게 하기에 충분하며, 박해에 관한한 계급적 성직제도는 할 말이 없어야 합니다.

관되게 증명해 왔다고 말할 수 있습니다. 박해를 받았지만, 단 한 번도 다른 사람의 권리를 침해한 적이 없습니다. 지금까지도 장로교회는 사방에서 '편협하다', '종파적이다', '야심차다', '시민적 기구가 되기를 열망한다' 등의 비열한 욕설과 비난을 받고 있습니다. 사실상 우리나라에서 편협한 종파주의에서 벗어났으며, 다른 이들을 개종시키려는 의식이 없고, 자선사업에 있어서 모든 복음주의 교파와 연합할 준비가 되어 있는 교파가 하나도 없음에도 말입니다. 이런 사실은 개인적이든 공적이든 교회와 국가가 어떤 모습으로든 결합되는 것에 대한 가장 엄숙한 항의를 통해서 드러났습니다. 이렇게 의심할 여지가 없는 사실들을 눈앞에 두고 앞서 언급한 비방들이 사방에서 가해지는 것을 들었을 때, 가장 무한한 자선단체가 그 신조들이 실제로 믿어지거나 그 신조들을 전파하는 동기가 진리에 대한 관심일 수 있다고 상상할 수 있을까요?

제3장
장로교회의 교리

　장로교회가 다른 교파와 구별되는 점은 전 시대에 걸쳐서 언제나 순수한 교리를 고집하는 것을 강조했다는 사실입니다. 이 사실은 교회의 초기 역사에서 분명하게 드러나는 사실인데, 이 때 성도들은 "먼저 자신들에게 전해진 믿음을 힘을 다하여 지키라"는 명령을 받았습니다. 종교개혁이 일어나기 500-600년 전, 교황제도가 참담하게 썩고 부패한 가운데서도 장로교회는 발도파라는 이름으로 진리를 위한 귀한 증언을 감당하며 전혀 타협하지 않았습니다. 종교개혁 시기에도 그리스도의 복음에 관한 참된 교리를 향한 동일한 열정으로 말미암아, 다양한 장소에 흩어져 있었던 신실한 하나님의 종들은 자신들의 '신앙고백들'을 작성하여 인쇄하였습니다. 그리고 이러한 신앙고백들은 지금도 주인의 뜻을 향한 그들의 충성심을 보여주는 기념비로 남아 있습니다. 지금 우리가 말하고 있는 사람들은 복음의 순수한 교리들이 기독교적 특성과 소망의 기초가 된다는 사실을 분명하게 인정했습니다. 그들은 교회의 정부와 권징도 상당히 중요하게 생각했지만, 그들이 훨씬 더 중요하게 여겼던 것은 그리스도인의 성품과 삶에 본질적으로 역사하는, 우리의 공통적인 구원our common salvation에 속한 위대하고 본질적인 원리들이었습니다.

장로교회가 엄숙하게 받아들이고 믿는다고 선언한 교리 체계는 '웨스트민스터 신앙고백서'와 '대소요리문답'에 잘 나타나 있습니다. 우리는 문서들 안에 성경이 가르치는 교리들이 잘 요약되어 있으며, 이 이유만으로 우리는 그 교리들을 받아들일 것을 공언하며, 목회직과 영적 치리를 담당하는 직분에 들어가는 모든 사람이 신앙고백에 대해 엄숙히 동의할 것을 요구합니다. 이 교리 체계는 칼빈주의Calvinism라는 구별된 이름을 가졌습니다. 칼빈이 그것을 발명했기 때문이 아니라, 이 체계를 주창했던 당시 인물들 중에서 의심의 여지없이 그가 가장 심오하고 유능한 사람이었기 때문이며, 또한 칼빈이 그것을 전파하고 옹호하기 전까지는 이 체계가 알려지지 않았다는 생각을 전파하기 위해 노력하는 일부 사람들의 의도에 적합하기 때문입니다.

장로교 신앙고백서에는 우리가 다른 교파의 형제들과 전적으로 동의하는 교리들이 많이 있습니다. 이 고백서 안에 포함되어 있는 하나님의 존재와 완전하심, 신격 안에 계신 위격들의 삼위일체, 하나님의 아들의 신성과 성육신과 속죄 희생 atoning sacrifice 등에 관한 모든 것에 관해서는 기독교라는 이름을 가질 자격이 있는 모든 종파와 우리들이 실질적으로 공유한다고 말할 수 있습니다. 그러나 하나님 앞에서의 인간 본성의 참된 상태, 영생에 대한 주권적이면서 무조건적인 선택 교리, 그리스도께서 그의 택한 백성을 위해 특별한 의미에서 죽으셨다는 교리, 오직 그리스도의 전가된 의에 의한 칭의 교리, 성령의 특별하고 저항할 수 없는 능력에 의한 성화, 거룩함에 있어서 성도들의 인내 등에 관해서라면, 우리는 기독교라는 이름을 가진 많은 사람과 실질적으로 상당히 다릅니다. 요컨대, 도르트 회의에서 논의되고 결정된 것으로서 보통 '다섯 가지 요점'으로 불리는 것에 대해서, 우리의 고백은 알미니우스주의에는 반대하지만, 도르트 회의가 주장하는 칼빈주의 체계와는 일치합니다.

칼빈주의보다 더 심하게 잘못 표현되거나 더 전적으로 부당하게 비난을 받았던 신학 체계는 없다고 해도 과언이 아닐 것입니다. 사람들은 칼빈주의를 일컬어 가증스럽고, 이성의 모든 명령에 반하며, 하나님께 불명예스러울뿐만 아니라 그리스도인의 위로에 비우호적인 체계이면서, 한편으로는 낙담과 절망을 낳고, 다른 한편으로는 추측과 방탕을 낳는 데 적합한 체계라고 비방해 왔습니다. 칼빈주의를 공격하는 데 빌미가 된 심각한 왜곡, 이 체계의 옹호자들이 부인하고 혐오하는 결과를 오히려 이것에 고착시키려는 정직하지 못한 시도, 그리고 이 체계와 그 친구들에게 지속적으로 쏟아지는 인정사정없는 비난은 신학 논쟁의 전체 역사에서 다른 어떤 경우와도 비교할 수 없을 정도로 심했습니다. 칼빈주의에 대한 이 맹목적이고 더러운 비난을 듣는 데 익숙한 사람들은 다음과 같은 고려 사항을 진지하고 공평하게 고려할 것을 정중하게 요청합니다.

1. 장로교인들이 믿는 진정한 체계가 무엇인지 확인하는 것은 정의로운 일입니다. 이 체계에 반대하는 사람들은 이 체계에 대해 가장 부당하고 충격을 주는 그림을 그리려고 합니다. 이것이 무지에서 비롯된 것이든 부정직에서 비롯된 것이든, 현재로서는 이에 대해서 논하는 것이 고통스러울뿐만 아니라 헛된 일일 것입니다. 그들은 이 체계(칼빈주의)가 하나님을 죄의 실제적인 창조자로 나타내며, 인간은 죄를 지을 수밖에 없

는 물리적 필연성 아래 놓여 있는 존재이기에, 저주받은 존재로서 자신이 할 수 있는 일을 하는 존재로 묘사한다고 주장합니다. 그들은 타락에 대한 우리의 교리와 타락이 상속되는 방식이 사실이라면, 인간의 도덕적 선택권은 파괴되고, 우리 인류는 단순히 기계와 같은 존재로 격하되며, 당연히 모든 죄에 대한 처벌은 부당하고 불합리하게 된다고 주장합니다. 요컨대, 그들은 구원의 계획에 대해 우리가 가지고 있는 견해는 구원계획을 이교적 운명론 또는 세련된 반율법주의Antinomian 체계로 만들어, 동일하게 거룩함과 평안을 파괴하며, 또 우리가 값없는 은혜의 외피를 쓰고 한편으로는 편애의 구조fabric of favouritism를 만들고, 다른 한편으로는 고정된 필연성fixed necessity의 구조를 구축하여, 하나님을 폭군으로 만들면서 동시에 인간을 그분의 자의적 의지가 향하는 수동적인 대상으로 만들게 된다고 주장합니다. 그러나 장로교가 이런 체계를 받아들인다는 것이 사실일까요? 진실과는 거리가 먼 이야기입니다. 그것은 편견과 선입견으로 가득찬 우스꽝스러운 그림caricature일 뿐 그 어떤 부분도 진실에 부합하지 않습니다. 우리는 우리에 대해서 노골적으로 비난하는 사람들 만큼이나 이와 같은 정서를 혐오합니다.

　사실 칼빈주의에 반대하여 두각을 나타내거나, 칼빈주의

체제를 공정하게 대변하거나, 칼빈주의를 진정으로 이해하는 것처럼 보이는 작가나 연사를 찾기는 어려울 것입니다. 그들은 한 풍자적 그림ᵃ caricature 과 끊임없이 싸우고 있습니다. 우리나라에서 알미니우스 그룹에 속하는 가장 중요하고 존경받는 작가들 중 일부가 바로 이러한 곤경에 처해 있음은 의심의 여지가 없습니다. 그것이 지식의 부족에서 비롯된 것이든 솔직함의 부족에서 비롯된 것이든 그 결과는 동일하며 그 행위는 심각한 비난을 받는 것이 당연합니다.

필자는 알미니우스주의의 원리가 가진 자연스럽고 불가피한 결과를 추적한다면, 이 원리가 하나님의 본질적인 속성을 침해하고 그 결과 당연히 암울한 무신론으로 귀결될 것이라는 사실을 확신합니다. 그러나 알미니우스주의자들이 실제로 주장하는 알미니우스 체계에 대하여 진술할 때 저는 이 체계의 친구들이 묘사한 것에서 조금이라도 이탈했다면 스스로 변명의 여지가 없다고 생각해야 합니다. 이 체계 자체와 이 체계에서 도출될 수 있는 결론은 구분되어야 하기 때문입니다.

칼빈주의의 모든 요소를 구체적으로 다 살펴보지는 않았지만, 장로교인들이 받아들인다고 고백하는 이 체계는 다음과 같은 특징과 분량ᵇmount 이 있습니다.

복음은 모든 사람들이 죄와 허물로 죽어 있으며, 또한 하나님의 형상과 호의도 없고, 사람들에게 있는 능력이나 자원으로는 이것들을 다시 얻을 수도 없습니다. 사람을 이러한 반역과 부패와 폐허의 상태에서 다시 회복되고자 하는 계획은 시종일관 순전히 그리고 전적으로 값없는 은혜의 체계system 뿐입니다. 영원한 평화의 의논 가운데 사람을 타락한 존재로 여기고, 죄의 책임과 능력에서 그들을 구속하는 엄청난 계획을 생각해 낸 것은 바로 신비롭고 자발적인 하나님의 은혜와 사랑입니다. 이와 같은 계획과 목적 속에서 하나님은 모든 인류 전체를 동일하게 타락한 존재로 여겼고, 죄로 인하여 그들을 자격 없는 존재로 여겼습니다. 하지만 자신의 주권적인 자비로 말미암아 하나님은 인류 가운데 일부를 구원하기로 결심하셨습니다. 이와 같은 결정을 하신 것은 택자들이 믿음을 가지거나 순종할 것을 미리 내다보셨기 때문이 아닙니다. 왜냐하면 오히려 그들의 믿음과 순종이 하나님의 주권적인 선물이기 때문이었습니다. 하나님께서 이렇게 결정을 하신 이유는 자신의 뜻이 가진 순전하고 선한 즐거움으로 말미암아 그들이 하나님의 은혜의 영광을 찬양하도록 만들기 위함이었습니다. 하나님은 우리 인류 가운데 누구에게도 그를 구원해야 할 의무가 없으셨습니다. 그분은 우리 모두를 우리의 죄 가운데 정당하게 내버려 두실 수도 있었습니다. 타락한 천사들에게 하셨듯이 말입니다. 또한 하나님은 그들에게 아무런 불의를 행하신 바가 없습니다. 하지만 하나님은 놀라운 자비를 베푸심으로 그들을 용서하시고, 그들을 회복시켜 생명을 얻고 복된 상태에 이르게 하실 계획을 세우셨습니다. 그래서 자신의 독생자를 주시고는 누구든지 그를 믿는 자는 멸망치 않고 영생을 얻게 하신 것입니다. 더 나아가서 우리는 하나님은 단지 이 구세주를 주신 것뿐만 아니라 각 사람에게 그분을 영접할 수 있는 성향disposition을 주신 것도 모두 은혜라는 사실을 믿습니다. 곧 값없는 은혜요, 아무런 공로가 없는 하나님의 선물이라는 사실입니다. 우리는 모든 인류가 자신의 능력만으로는 이 위대한 구원을 알아보지 못하고 거부할 것이며, 누군가 이 구원을 받아들일 수 있도록 하는 것은 구별하실discriminating뿐만 아니라 모든 것을 정복하시는all-conquering 은혜라는 사실을 의심하지 않습니다. 더 나아가서 우리는 구원이 전적으로 은혜요, 또한 이 사실이 성경과 일상에 대한 관찰을 통해서 분명히 드러난다는 것과 모든 사람이 다 신자가 아니며 당연히 모든 이가 다 구원을 받지는 못할 것임을 믿기에, 모든 이를 다 구원하는 것도 역시 하나님의 뜻이 아니라는 사실을 믿습니다. 왜냐하면 하나님께서 실제로 모든 사람을 다 구원하시지 않는다는 것은 사실이며, 만약 하나님께서 성경이 말하는 하나님과 동일하다면, 그분은 언제나 자신이 미리 의도하신 것을 지금 행하시는 분이기 때문입니다. 우리는 하나님께서 자신의 모든 역사와 방식에 대해서 태초부터 알고 계셨다는 것을 믿습니다. 섭리 뿐 아니라 하나님의 은혜를 시행하는 것들, 그

중에서도 모든 신자에 대한 효과적인 부르심과 구원은 영원부터 그 분의 계획에 포함되어 있었음을 믿습니다. 그러므로 우리 신앙고백이 말하듯이 "그러나 그것에 의해 하나님께서 죄의 창조자이시지 않으며 피조물들의 의지가 침해되지도 않으며 또 제2원인들의 자유나 우연함이 제거되지도 않고 오히려 확립됩니다."

요약하면, 이 위대한 경륜에 대한 우리 신앙의 결론은 다음의 한 문장으로 표현될 수 있습니다. "인간 안에 있는 모든 악은 인간 자신에게 속한 것이며, 이에 대한 비난은 인간이 받아야 합니다. 반대로 인간 안에 있는 모든 선한 것은 하나님께 속한 것이며, 그에 대한 모든 찬양은 하나님께 돌려져야 합니다." 우리는 누군가가 우리가 전적으로 거부하고 혐오하는 결론을 이 믿음의 체계에서 도출해 냄으로써 이 믿음의 체계를 왜곡하고 잘못 표현할 수 있으며, 심지어 이를 완전히 가증한 것으로 만들어 버리는 일이 일어날 수 있다는 사실을 알고 있습니다. 하지만 이러한 왜곡과 잘못된 추론에 대한 책임은 신조를 부정하는 사람들에게 있습니다. 누구든지 장로교 신앙고백을 주의 깊고 냉철하게 읽어보면, 강단과 언론에서 매일 선포되는 신앙고백에 대한 비난이 비참한 중상모략이라는 것을 곧 알게 될 것입니다. 그런 말을 하는 이들이 무지하다는 사실 외에는 이에 대한 어떤 변명의 말도 발견할 수 없습니다.

2. 하나님의 말씀 속에 이 체계를 지지하는 증거가 얼마나 많은지 생각해 보십시오. 진리를 추구하는 신실하고 경건한 모든 사람이 질문하는 첫 번째 물음은 '성경이 무엇을 말하는가?'입니다. 계시가 주는 분량에 비교하면, 우리가 추론하고 불평하는 것들은 아무 것도 아닙니다. "사람은 다 거짓되되 오직 하나님은 참되시다 할지어다(롬 3:4)" 우리가 하나님의 책을 경건한 마음으로 펼쳐서, 다른 신앙고백과 우리의 교리를 구별해주는 중요한 요점들에 대해서 성경이 가르치는 것을 편견 없이 살펴보면, 하나님의 권위가 장로교인들이 받아들인다고 고백하는 그 신조의 손을 들어주고 있음을 분명하고 확실하게 알 수 있을 것입니다. 이 사실을 의심하는 이들은 다음에 나오는 성경말씀을 기도하는 마음으로 숙고해 보기를 진지하게 요청합니다.

"한 범죄로 많은 사람이 정죄에 이른 것 같이...한 사람이 순종하지 아니함으로 많은 사람이 죄인된 것 같이...(롬 5:18-19)"

"모든 사람이 죄를 범하였으매 하나님의 영광에 이르지 못하더니 그리스도 예수 안에 있는 속량으로 말미암아 하나님의 은혜로 값없이 의롭다 하심을 얻은 자 되었느니라...그러므로 사람이 의롭다 하심을 얻는 것은 율법의 행위에 있지 않고 믿음으로 되는 줄 우리가 인정하노라...그런즉 우리가 믿음으로 말미암아 율법을 파괴하느냐 그럴 수 없느니라 도리어 율법을 굳게 세우느니라(롬 3:23-31)"

"너희는 그 은혜에 의하여 믿음으로 말미암아 구원을 받았으니 이것은 너희에게서 난 것이 아니요 하나님의 선물이라 행위에서 난 것이 아니니 이는 누구든지 자랑하지 못하게 함이라(엡 2:8-9)"

"만일 은혜로 된 것이면 행위로 말미암지 않음이니 그렇지 않으면 은혜가 은혜 되지 못하느니라(롬 11:6)"

"즉 예로부터 이것을 알게 하시는 주의 말씀이라 함과 같으니라(행 15:18)"

"영생을 주시기로 작정된 자는 다 믿더라(행 13:48)"

"곧 하나님 아버지의 미리 아심을 따라 성령이 거룩하게 하심으로 순종함과 예수 그리스도의 피 뿌림을 얻기 위하여 택하심을 받은 자들에게 편지하노니 은혜와 평강이 너희에게 더욱 많을지어다(벧전 1:2)"

"곧 창세 전에 그리스도 안에서 우리를 택하사 우리로 사랑 안에서 그 앞에 거룩하고 흠이 없게 하시려고 그 기쁘신 뜻대로 우리를 예정하사 예수 그리스도로 말미암아 자기의 아들들이 되게 하셨으니 이는 그가 사랑하시는 자 안에서 우리에게 거저 주시는 바 그의 은혜의 영광을 찬송하게 하려는 것이라 우리는 그리스도 안에서 그의 은혜의 풍성함을 따라 그의 피로 말미암아 속량 곧 죄 사함을 받았느니라(엡 1:4-7)"

"하나님이 미리 아신 자들을 또한 그 아들의 형상을 본받게 하기 위하여 미리 정하셨으니 이는 그로 많은 형제 중에서 맏아들이 되게 하려 하심이니라 또 미리 정하신 그들을 또한 부르시고 부르신 그들을 또한 의롭다 하시고 의롭다 하신 그들을 또한 영화롭게 하셨느니라 그런즉 이 일에 대하여 우리가 무슨 말 하리요 만일 하나님이 우리를 위하시면 누가 우리를 대적하리요 자기 아들을 아끼지 아니하시고 우리 모든 사람을 위하여 내주신 이가 어찌 그 아들과 함께 모든 것을 우리에게 주시지 아니하겠느냐 누가 능히 하나님께서 택하신 자들을 고발하리요 의롭다 하신 이는 하나님이시니 누가 정죄하리요 죽으실 뿐 아니라 다시 살아나신 이는 그리스도 예수시니 그는 하나님 우편에 계신 자요 우리를 위하여 간구하시는 자시니라 누가 우리를 그리스도의 사랑에서 끊으리요 환난이나 곤고나 박해나 기근이나 적신이나 위험이나 칼이랴 기록된 바 우리가 종일 주를 위하여 죽임을 당하게 되며 도살 당할 양 같이 여김을 받았나이다 함과 같으니라 그러나이 모든 일에 우리를 사랑하시는 이로 말미암아 우리가 넉넉히 이기느니라 내가 확신하노니 사망이나 생명이나 천사들이나 권세자들이나 현재 일이나 장래 일이나 능력이나 높음이나 깊음이나 다른 어떤 피조물이라도 우리를 우리 주 그리스도 예수 안에 있는 하나님의 사랑에서 끊을 수 없으리라(롬 8:29-39)"

"그러므로 너는 내가 우리 주를 증언함과 또는 주를 위하여 갇힌 자 된 나를 부끄러워하지 말고 오직 하나님의 능력을 따라 복음과 함께 고난을 받으라 하나님이 우리를 구원하사 거룩하신 소명으로 부르심은 우리의 행위대로 하심이 아니요 오직 자기의 뜻과 영원 전부터 그리스도 예수 안에서 우리에게 주신 은혜대로 하심이라(딤후 1:8-9)"

"너희 안에서 착한 일을 시작하신 이가 그리스도 예수의 날까지 이루실 줄을 우리는 확신하노라(빌 1:6)"

"내 양은 내 음성을 들으며 나는 그들을 알며 그들은 나를 따르느니라 내가 그들에게 영생을 주노니 영원히 멸망하지 아니할 것이요 또 그들을 내 손에서 빼앗을 자가 없느니라(요10:27-28)"

"산들이 떠나며 언덕들은 옮겨질지라도 나의 자비는 네게서 떠나지 아니하며 나의 화평의 언약은 흔들리지 아니하리라 너를 긍휼히 여기시는 여호와께서 말씀하셨느니라(사 54:10)"

"누가 너를 남달리 구별하였느냐 네게 있는 것 중에 받지 아니한 것이 무엇이냐 네가 받았은즉 어찌하여 받지 아니한 것 같이 자랑하느냐(고전 4:7)"

"거룩하신 아버지여 내게 주신 아버지의 이름으로 그들을 보전하사 우리와 같이 그들도 하나가 되게 하옵소서...내가 비옵는 것은 그들을 세상에서 데려가시기 위함이 아니요 다만 악에 빠지지 않게 보전하시기를 위함이니이다(요 17:11-15)"

"아버지여 내게 주신 자도 나 있는 곳에 나와 함께 있어 아버지께서 창세 전부터 나를 사랑하시므로 내게 주신 나의 영광을 그들로 보게 하시기를 원하옵나이다(요 17:24)"

"그런즉 이와 같이 지금도 은혜로 택하심을 따라 남은 자가 있느니라 만일 은혜로 된 것이면 행위로 말미암지 않음이니 그렇지 않으면 은혜가 은혜 되지 못하느니라 그런즉 어떠하냐 이스라엘이 구하는 그것

을 얻지 못하고 오직 택하심을 입은 자가 얻었고 그 남은 자들은 우둔

하여졌느니라(롬 11:5-7)"

"주의 권능의 날에 주의 백성이 거룩한 옷을 입고 즐거이 헌신하니

새벽 이슬 같은 주의 청년들이 주께 나오는도다(시 110:3)"

"맑은 물을 너희에게 뿌려서 너희로 정결하게 하되 곧 너희 모든 더

러운 것에서와 모든 우상 숭배에서 너희를 정결하게 할 것이며 또 내

영을 너희 속에 두어 너희로 내 율례를 행하게 하리니 너희가 내 규례

를 지켜 행할지라(겔 36:25-27)"

이 책을 읽는 독자들이여, 여기서 언급된 성경구절을 진지

하게 숙고하고, 그 '연관성'을 살펴볼뿐만 아니라, 다른 글들을

해석할 때와 같이 정직하고 단순하게 해석한 다음, 장로교인

들을 그토록 비난하고 비방하는 이유가 되는 특정한 교리들을

이 구절들이 분명하게 지지하지 않는지에 대해서 말하기를 간

절히 부탁합니다. 문제는 성경 비평의 독창성이 이 구절들을

왜곡하여 다른 의미로 변개하지는 않을 것인지에 대한 여부가

아니라, 평범하고 자연스럽고 명백한 의미가 우리가 자주 이

구절들을 인용하여 지지하고자 하는 그 체계가 지속되도록 할

것인지의 여부입니다. 만약 그 의미가 이 체계를 지탱한다면, 논쟁은 끝났습니다. 성경에 분명하게 들어 있는 것은 무엇이든 우리는 받아들일 수밖에 없기 때문입니다.

3. 장로교회가 지켜 온 교리 체계가 진리에 대한 목격자들과 위대한 종교개혁자들의 체계로서 일반적으로는 '종교개혁의 교리들'로 불리는 체계에 의해서 지속되어 왔다는 사실을 아는 것은 중요한 일입니다.

장로교인들은 진리를 증명하기 위해서 인간의 권위에 호소하려는 성향이 그 어떤 이들보다 적은 사람들입니다. 우리의 역사는 물론이고 우리 교회가 가진 신앙고백들은 우리가 성경을 믿음과 실천에 있어서 오류가 없는 규칙으로 여긴다는 사실을 선언합니다. 또한 우리는 기독교 체계 안에 있는 모든 요소가 이 원칙에 적용된다고 주장하는 모습이 계급적 성직체계를 옹호하는 자들은 물론 그 외의 사람들과 우리를 구별하는 모습이라고 선언합니다. 확실히 이것은 흥미로운 사실로서 눈여겨보아야 할 충분한 가치가 있으며, 우리가 붙들어 온 체계에 대한 우리의 확신을 확증하기에 적당한 것입니다. 오류에 대해 반대하는 증거를 제시하고 교황제도의 부패로부터 교회를 개혁하는 데 주도적인 역할을 했던 모든 위대하고 선한 사람들은 설령 다른 요소들에 대해서는 다양한 견해를 가졌더라도 한 목소리로 이 교리 체계를 채택하고 주장했습니다. 이 교리 체계는 일반적으로 주류를 이루는 칼빈주의였으며, 이 칼빈주의에 대항하던 편견에 찌든 대적들은 칼빈이 이 체계를 개발했다고 공상을 펼칠 만큼 무지한 사람들이었습니다. 모든 개신교인이 존경한다고 공언하지만, 아쉽게도 이해하고 따르는 사람은 거의 없는 진리의 증인이라고 할 수 있는 발도파들은 앞에서 살펴본 것처럼 장로교 정부 및 권징 전체를 실질적으로 채택했을뿐만 아니라, 우리 교리 체계의 모든 주요 특징도 채택했습니다.

그들의 신앙고백 중 하나에서 발췌한 다음 내용이 결정적입니다. 11번째 조항은 다음과 같습니다. "하나님께서 창세 전에 택하신 자들을 모든 사람이 타락한 저 부패와 정죄에서 구원하시되, 그 안에서 미리 보신 어떤 의로움이나 믿음이나 거룩함 때문이 아니라, 오직 그의 아들 예수 그리스도 안에 있는 그의 단순한 자비 때문에, 그 나머지 모든 것을 간과하시고, 그의 자유 의지와 공의의 불가항력적인 이유에 따라 구원하신다." 그리고 그들은 자신들의 오래된 교리문답 중 하나에서 "그리스도의 참된 교회는 하나님의 은혜로, 그리스도의 공로로, 성령에 의해 함께 모이고, 영생에 이르도록 예정된 하나님의 택하신 자들로 구성되어 있다"라고 말합니다."[11]

'종교개혁의 샛별'인 존 위클리프[John Wickliffe]와 그의 신앙과 순교의 동반자였던 존 후스[John Huss]와 프라하의 제롬[Jerome]도 의심할 여지없이 동일한 일반적 제도를 채택했습니다. 밀너는 "신앙에 있어서 위클리프의 두드러진 교리는 의심할 여지없이 은혜의 선택[the election of grace] 교리였다"라고 말합니다. 그리고 동일한 저자는 후스와 제롬에 대한 설명을 통해 모든 의심을 배제하고 그들의 일반적인 체계에서 그들은 어거스틴의 제자였던 위클리프를 따랐다고 말합니다.

종교개혁 시대로 내려와서도 이 일반적 사실이 동일한 것은 의심의 여지가 없습니다. 칼빈이 종교개혁자로 알려지기 훨씬 전, 아니 신학자로 알려지기 훨씬 전에 루터가 칼빈 만큼이나 철저하게 신적 명령과 인간의 무능에 대한 교리를 공개적으로 주장했다는 사실은 의심할 여지가 없습니다. 그 증거는 너

---

11   Gilly, *Narratives of Researches among Waldenses*, Appendix; Sir Samuel Morland, p. 40, 48; Milner, iii, 440-441을 보라.

무나 완벽해서 당시의 역사에 정통한 사람이라면 누구도 감히 부인할 수 없을 것입니다. 루터의 친구이자 조력자였으며, 루터의 사후에도 생존했던 멜랑히톤도 실질적으로 동일한 체계를 유지했습니다. 그 진술을 읽고 또 밀너의 교회사를 이어서 집필했던 국교회 소속의 스콧 목사의 책에 나와 있는 그의 글에서 발췌한 진술을 읽은 사람들은 더 이상 이 사실을 의심할 수 없습니다. 멜랑히톤은 자신의 신조를 통해 칼빈에게 동의한다고 그를 확신시켰고, 반대로 칼빈은 멜랑히톤의 『신학의 공통주제들(Common Places)』에 대한 그의 서문에서 이 책을 교리에 있어서 자신이 동의하는 책으로 추천했습니다. 스위스의 사도적 개혁가인 츠빙글리도 같은 제도를 채택한 것으로 잘 알려져 있습니다. 모든 다양한 반론이 제기되었지만, 인간 본성의 타락과 도덕적 무능력, 은혜의 주권적 선택, 거룩에 있어서 성도의 견인이라는 교리를 그가 동시대의 그 어떤 사람에 못지않게 단호하고 열성적으로 주장했다는 사실보다 더 확실한 것은 없습니다. 그러나 츠빙글리는 칼빈이 종교개혁의 친구로 알려지기도 전에, 그리고 칼빈이 종교개혁과 관련된 문장을 발표하기도 전에 죽었습니다. 물론 이 스위스 개혁자는 자신의 신조의 어떤 부분에 있어서도 이 제네바의 저명한 목사의 사역이나 저술에 빚진 부분은 없습니다. 이는 부써, 피터 마터, 불링거^{Bullinger}, 부겐하기우스^{Bugenhagius}, 유니우스를 비롯해 일반적으로 유럽 대륙의 모든 종교개혁 지도자들에게도 마찬가지입니다.

영국으로 넘어가도 정확히 동일한 사실을 발견할 수 있습니다. 해밀턴^{Hamilton}, 위샤트^{Wishart}, 크랜머^{Cranmer} 대주교, 리들리^{Ridley} 주교, 후퍼^{Hooper} 주교, 라티머^{Latimer} 주교, 그린달^{Grindal}과 위트기프트^{Whitgift} 대주교, 존 녹스 등, 간단히 말해 영국 북부와 남부의 모든 종교개혁자는 교리적으로 칼빈주의자였습니다. 이 사실은 실제로 부정되어 왔지만, 정직하고 잘 아는 사람들에 의해 부정되었던 것은 아니었습니다. 이 사실에 대한 증거는 충분합니다. 누구든지 영국 교회의 39개 조항 중 제9조, 제10조, 제11조, 제17조를 읽어 보십시오. 특히 예정 교리를 직접적으로 다루는 마지막 조항을 잘 숙고하게 하고, 칼빈주의적 해석 외에 다른 해석을 하는 것이 정말로 가능한지 물어보십시오. 저는 편견과 아집으로 인해 때때로 이 17번째 조항이 명백히 그 의미에 있어서 반反칼빈주의적이라는 주장이 있었으며, 그 증거로 이 조항의 마지막 부분에 있는 한정절^{qualifying clause}이 충분한 증거로 인용되어 왔다는 사실을 모르는 바가 아닙니다. 하지만 보십시오. 그 한정절은 칼빈의 『기독교

강요(*Institutes of the Christian Religion*)』에서 거의 복사 한 것입니다. 그리고 그 후반부는 그 종교개혁자가 이 교리의 남용에 대해 경고한 것을 문자 그대로 번역한 것입니다.

다시 말하거니와, 이 주제에 대해 의심을 품는 사람은 노웰 Nowell 박사의 유명한 교리문답을 읽어 보십시오. 이 교리문답은 39개 조항을 구성하고 채택한 동일한 회의에 의해 검토, 수정, 공식적으로 승인되고 출판을 명령받았으며, 칼빈의 가장 강력한 대적들이 참된 교리의 요약을 담고 있는 것으로서 결정적으로 칼빈주의적이라고 인정한 책입니다. 위트기프트 대주교가 작성하고 서명했으며, 요크York 대주교와 적어도 세 명의 다른 주요 성직자들이 "잉글랜드 국교회에서 고백하는 것과 일치하는" 교리를 담고 있는 것으로 인정하여 케임브리지 대학에 전달되었던 램버스Lambeth 신조를 읽어 보십시오. 또한 영국에서 종교개혁이 일어난 후 반세기 이상 동안, 일반적으로 『기독교강요』라고 불리는 칼빈의 신학체계가 두 대학에서 정통의 표준으로 공개적으로 수용되고 연구되었다는 사실과 옥스퍼드에서 열린 학위수여식에서 이 작품이 국가의 일반 연구에 권장되었다는 사실을 기억해 보십시오.

이제 종교개혁에 앞장섰던 모든 위대하고 선한 사람, 서로 다른 언어, 습관, 편견을 가진 사람이, 제네바뿐만 아니라 영국, 프랑스, 독일, 네덜란드, 스위스, 아니 교황청의 어둠이 사라지고 로마교회의 부패가 제거된 모든 곳에서, 거의 예외 없이 모두가 실질적으로 우리가 칼빈주의라고 부르는 그 체계^{system}의 지지자가 되었다는 사실이 놀랍지 않습니까? 복음 진리의 공통된 저장소이자 표준인 성경에 호소할 때, 그들은 비록 다른 점들에 관해서는 분열되어 있을지라도, 주권적 은혜의 위대한 교리들에 있어서는 조화롭게 연합되어 있기에 그 이후로 이 교리들은 "종교개혁의 교리들"로 표현되어 왔습니다. 성경적 권위는 차치하고라도, 실질적으로 칼빈이 태어나기 1000년 전에 어거스틴이 지지했고, 암흑기 동안은 진리의 모든 증인도 지지했으며, 사람들로부터 경건과 지혜와 헌신으로 말미암아 감사와 칭송을 받았던 유서 깊은 모든 사람도 역시 지지했던 것을 모두가 알고 있는데, 이를 잘 알고 있다고 주장하는 형제들이 이 체계를 칼빈에게서 유래하고 그와 그의 추종자들에게만 해당하는 특유한 것으로 표현한다면 우리는 그것을 어떻게 설명할 수 있을까요? 무엇보다도, 하나님 아래서 잉글랜드의 종교개혁을 수행하고 완성한 크랜머, 파커^{Parker}, 위트기프트와 그 외 다른 저명한 성직자들의 생각과 의견과 헌신에 대하여 말할 수 없이 존경했던 형제들이 자신들이 그토록 존경했던 사람들조차 가장 영예로운 호칭을 사용하지 않고는 그 이름을 부르지 않았고, 그의 글을 신학을 배우는 자기 학생들을 위한 교과서로 만들었으며, 그의 인격과 사역을 기독교 사회의 가장 영광스러운 불빛으로 여겼던 바로 그 칼빈의 인격을 비방하는 데 결코 지치지 않는다면 이를 어떻게 설명하겠습니까?

4. 우리 신앙고백서가 가르치는 교리 체계는 성경에 가장 부합하고 모든 종교개혁자들에게 공통적으로 적용되었기 때문에, 다른 어떤 체계보다 문제가 적다고 말할 수 있습니다.

물론 칼빈주의 체계가 모든 문제에서 자유롭다는 것은 아닙니다. 유한한 피조물이 무한한 존재의 작품이나 계시된 의지를 살펴보도록 부름을 받았을 때, 자신들이 모든 것을 다 이해할 수 있기를 기대한다면, 그들은 참으로 정신이 나간 사람이 분명합니다. 따라서 우리가 일반적으로 칼빈주의라고 불리는 기독교 교리 체계가 제시하는 몇 가지 어려움을 해결하려고 할 때, "그러한 지식은 우리에게 너무 놀랍고 높기 때문에 우리가 도달할 수 없다"라는 사실을 부인할 수는 없습니다. 성경이 한편으로는 인간의 전적인 의존성에 관해, 다른 한편으로는 인간의 활동과 책임에 관해 명백하게 계시하는 것을 어떻게 조화시킬 것인가? 또는 하나님의 완전한 예지와 예정을 설명할 때, 그의 지적인 피조물의 완전한 자유와 도덕적 선택과 조화를 이루며 일관되게 설명하는 방법은 그 어떤 지적인 사람도 완전히 해결할 수 없는 문제입니다. 그러나 문제는 다른 어떤 체계보다 이해하기 어려운 점이 적느냐는 것입니다. 특히 칼빈주의를 거부하는 사람들이 일반적으로 의지하는 알미니우스주의나 펠라기우스주의보다 더 어려움이 적습니까? 아니요, 덜한 것이 아니라 수와 규모면에서 훨씬 더 많습니다. 그러나 이 책의 필자는 칼빈주의 체계에 대한 신뢰가 날마다 점점 증가합니다. 왜냐하면 이 체계에 대해 더 많이 검토할수록 성경에서 가르치는 것이 더 분명하게 보일뿐만 아니라, 양쪽 체계 안에 있는 어려움의 양을 더 자주 그리고 공정하게 비교할수록, 그 어려움들이 알미니우스주의와 펠라기우스주의에 대해서 훨씬 더 무겁게 압박하는 것처럼 보이기 때문입니다.

표면적이고 반성하지 않는 사람들은 칼빈주의가 모든 영적 노력의 신경을 끊어버리는 경향이 있다는 것, 즉 우리가 선택되었으면 구원받을 것이니 우리가 하고 싶은 대로 하고, 만약 선택되지 않으면 멸망할 것이니 우리가 할 수 있는 것을 하라고 쉽게 결론짓고 우리의 주장을 반대합니다. 그러나 이 반론은 알미니우스나 펠라기우스의 가설에 대해서도 못지않게 강력한 반론을 제기한다는 사실이 너무나 분명하지 않습니까? 알미니우스주의자들과 펠라기우스주의자들은 모든 사람이 실제로 구원을 받는 것은 아니며, 개인의 구원이나 멸망은 하나님이 분명히 알고 계시며, 그 사건은 그분이 예견한 대로 반드시 일어난다는 것을 인정합니다. 그런 다음 트집쟁이는 다른 경우와 마찬가지로 이 경우에도 정의로운 체하며 "나의 구원에 대한 결과는 알려져 있고 확실하다. 내가 구원받을 것이라면 그것에 대한 염려가 필요하지 않으며, 내가 멸망할 것이라면 그것에 대한 모든 염려가 쓸모가 없지 않은가?" 그러나 알미니우스주의자들은 이 반대를 그들의 신조에 반하는 것으로 간주할까요? 아마 아닐 것입니다. 그러나 그것은 우리 신조와 마찬가지로 그들의 신조에 대해서도 타당합니다. 진실은 알미니우스주의자들과 펠라기우스주의자들은 각자 자신들의 신학체계에 의지함으로써 그들이 칼빈주의 체계를 반대하며 주장하는 어려움 가운데 한 조각도 실제로는 제거하지 않고, 단지 그것을 한 걸음 더 뒤로 물러나게 할 뿐이며, 결국에는 그 어려움이 전혀 해결되지 않은 상태로 그것을 만나야만 한다는 것입니다. 완벽한 예지력을 부여받은 신이 존재하고, 그 신은 처음부터 마지막까지 알고 있는 자신의 계획에 따라 행동하며, 또 항상 그렇게 해 왔다면, 만약 그런 존재가 있다면, 혹은 신이 없다면, 주권적이고 무조건적인 예정의 교리에 반하는 모든 어려움은 예지 교리와 확실한 미래에 대한 교리에도 동일하게 같은 정도로 반대됩니다. 그러므로 그들이 우리의 믿음 체계에 부과한 모든 충격적인 결과들은 그들에게도 정당하게 적용될 수 있습니다.

이 사실을 증명하기 위해서라면 알미니우스주의자들과 펠라기우스주의자들이 그들의 체계에 압박이 되는 어려움을 피하기 위하여 의지했던 교묘한 속임수들 외에 다른 증거는 필요하지 않습니다. 어떤 이들은 하나님이 미래의 우발적 사건을 미리 아신다는 것은 그분이 불가능을 행하시는 능력을 가졌다거나 아니면 그 자체로 모순되는 사실을 포함하고 있는 일을 행하시는 능력이 있다고 하는 것 만큼이나 우리가 생각할 수도 그리고 인정할 수도 없는 일이라고 주장하면서 하나님의 예지 가능성을 부인했습니다. 다른 이들은 하나님이 알려고 하지 않는 많은 것들이 있다고 주장하면서 하나님의 전적인 예지력을 부인했습니다. 여기서 후자는 미래의 많은 것에 대한 하나님의 무지를 자발적으로 설명하는 반면, 전자는 그것을 필수적인 것으로 간주합니다. 펠라기우스주의자들은 이와 같은 어려움을 피하기 위해서 지극히 높은 존재는 지식뿐만 아니라 능력에 있어서도 부족하기에, 자신의 왕국에 있는 자연적, 도덕적 악이 현존하는 악보다 적기를 즐거워하고, 더 많은 사람이 구원받기를 기뻐하지만, 그 자신의 소원은 성취되지 않으며, 그의 무능력으로 인하여 끊임없이 그의 뜻이 제지당하고 좌절되는 일을 경험한다는 원리를 내세우며 그 뒤에 숨습니다.

선한 사람들이 칼빈주의에 반대하는 과정에서 겪는 어려움의 예시를 보고자 하는 사람들은 애덤 클라크^{Adam Clarke} 목사의 로마서 주석에서 주목할 만한 것을 볼 수 있을 것입니다. 거기서 그들은 한 친절하고 경건한 사람이 하나님의 본질적인 속성인 전지성을 부인하는 주장을 소시니안 진영에서 빌려 올 수밖에 없는 상황에 몰려있는 모습을 볼 수 있을 것입니다. 왜냐하면 그는 전지성을 인정한다면 자신은 칼빈주의 신학의 특징을 수용할 수밖에 없다는 사실을 알았기 때문입니다. 편견과 자신이 선호하는 체계의 주장에 대한 복종이 이보다 더 분명하게 드러나는 안타까운 예시는 기독교 경건의 역사에서 거의 찾아 볼 수 없습니다.

이러한 결과는 칼빈주의 체제에 대해 적대자들이 주장하는 최악의 결과보다 훨씬 더 충격적이지 않습니까? 하나님이 전능하지 않다는 주장, 전지전능한 분도 아니라는 주장, 또한 하나님께서 영원한 계획에 따라 행동하지 않으신다는 주장, 그분의 목적은 영원하지 않으며 모두 시간 속에서 형성되기에 불변은 고사하고 피조물의 변화하는 의지에 의해 매일매일 변경될 수 있고 실제로 변경된다는 주장, 그리고 미래의 우발적 상황을 예견하거나 통제할 수 없기 때문에 그분의 예언과 약속이 성취된다는 확신이 없다는 주장은 너무나 충격적인 말이 아닙니까? 그리고 하나님은 모든 사람을 똑같이 구원하고자 하는 명백한 계획을 가지고 계셨지만, 모든 사람이 구원받지는 못할 것이 확실하다는 것, 또한 하나님은 구원받은 사람들과 마찬가지로 멸망하는 사람들을 위해서도 많은 목적을 가지고 계시며, 많은 일을 하고 계시지만, 결국 멸망하는 사람들을 향한 그분의 소망이 좌절되어 당황하고 실망하고 계시다는 것, 그리고 그분은 아무것도 결정하지 않았기 때문에 아무것도 확신할 수 없으며, 그 결과 자신이 즐거워하는 모든 것을 행할 수 없다는 것, 제 말씀은 이러한 주장들이 진지한 마음을 가진 모든 사람에게 충격을 주지 않느냐는 것입니다. 이 모든 주장은 성경과 이성과 경건한 사람들이 가진 모든 소망에 똑같이 반대되지 않습니까? 그런데 이것들은 모두 칼빈주의를 반대하는 이들이 실제로 주장해왔거나 그들이 가정하는 원칙에서 필연적으로 나온 것입니다.

진실은 다음과 같습니다. 여호와께서 무한히 지혜롭고 영원한 계획에 따라 행동하고 계시며, 자신의 의지의 뜻에 따라 모든 것을 명령하시고, 그분의 백성들이 스스로 자신을 구원하는 것이 아니라 오히려 그들은 자신들이 소유한 모든 선에 대하여서 그분의 주권적 은혜에 빚을 지고 있다는 기초를 버리는 순간, 우리는 견고하고 확고한 모든 것을 버리게 됩니다. 그리고 우리가 그에 따른 피할 수 없는 결과를 따르고자 한다면 무신론의 수렁에 빠질 수밖에 없습니다.

원죄 교리에 수반되는 어려움에 대해서도 같은 논리를 적용할 수 있습니다. 모든 인간은 본질적으로 죄인이라는 부끄러운 사실, 인간의 본성이 부패했다는 사실, 즉 모든 인간의 자녀들 안에 그러한 죄의 경향이 있으며, 모든 인간 중 단 한 사람도 그 죄에 빠지지 않은 사람은 없다는 사실은 성경에서 가르치고 있을뿐 아니라 보편적으로 관찰되는 사실입니다. 문제는 이 사실을 어떻게 설명할 것인가 입니다. 장로교인들은 칼빈주의와 그들의 신앙고백의 용어, 그리고 무엇보다도 그들이 생각하는 대로 성경의 용어를 사용하여 아담이 그의 후손들의 언약의 머리로 세워졌고, 그들이 그와 함께 서거나 타락하게 되었으며, 그가 타락했을 때 그의 모든 후손이 그 첫 범죄로 그 안에서 죄를 짓고 그와 함께 타락했다고 말합니다. 다시 말해, 이 죄의 책임은 하나님의 주권적이고 의로운 헌법에 의해 아담의 후손에게 전가되었다는 말입니다. 즉 죄책이 그들에게 부과되었다고 말합니다. 아담의 후손들은 마치 자신이 죄를 지은 것과 동일한 상실을 경험했습니다. 그러므로 아담이 그 범죄로 말미암아 죽을 수밖에 없는 자가 되었고, 하나님의 도덕적 형상을 잃어버렸으며, 부패한 본성이 형벌로 주어졌듯이, 그와 언약적 관계를 맺고 있었던 그의 모든 백성도 멸망할 수밖에 없고, 타락했으며, 죄악 되어 그에게 임했던 것과 모든 범위에서 동일한 형벌을 당할 수밖에 없는 존재로 이 세상에 태어났습니다. 장로교인들은 이것이 "아담 안에서 모든 사람이 죽었다(고전 15:22)"고 선언한 성경 말씀의 의미라고 믿습니다. "한 범죄로 많은 사람이 정죄에 이른 것 같이(롬 5:18)" "한 사람이 순종하지 아니함으로 많은 사람이 죄인 된 것 같이(롬 5:19)" 장로교인들은 여기서 도덕적 인격의 전이가 일어났거나 아담의 행위가 그의 후손에게 주입^{transfusion}되었다고 가정하지는 않습니다. 그러나 그와 그들이 속해 있던 언약 관계의 결과로 그들은 마치 우리 인류를 타락하게 만들었던 그 죄를 그들이 직접 지은 것처럼 여겨집니다. 이것, 오직 이것만이 바로 장로교인들이 주장하는 첫 부모의 죄의 전가입니다.

펠라기우스주의자들은 이 주제에 대한 이러한 견해에 반발하여 인간의 본성은 부패하지 않았고, 모든 사람은 아담이 처음 창조되었을 때와 같은 완전한 무죄의 상태로 세상에 태어났으며, 인간이 부패한 본성을 가지고 태어났다고 가정하는 것은 하나님께 불명예스러울뿐만 아니라 도덕적 존재에게 어울리지 않는다고 말함으로써 모든 어려움을 제거하려 합니다. 그러나 그들도 사실 모든 사람이 죄인이며, 도덕적 행동을 할 수 있게 되자마자 죄를 짓기 시작한다는 것을 인정합니다. 그러나 칼빈주의 교리에 수반되어야 할 어려움이 이 가설에 의해 실제로 제거되거나 심지어 감소될까요? 하나님이 맺은 어떤 언약적 방식이나 대표 원리를 채택하지 않고, 전 인류를 창조주가 만들었으나 그 창조주가 죄를 지을 수밖에 없는 세상에 둔 존재로 표현하는 것이 과연 하나님께는 더 영광스럽고, 우리의 정의 관념에는 덜 모순되는 것입니까?

알미니우스주의자 또는 반semi펠라기우스주의자들도 아담의 죄가 그의 후손에게 전가된다는 칼빈주의 교리는 거부하지만, 동시에 펠라기우스의 가설이 완전히 비성경적이라는 것을 인식하는 가운데 이 어려움을 제거하는 또 다른 방법을 채택합니다. 그들은 아담이 그의 후손들의 언약의 머리로 세워지지 않았고, 그가 범한 첫 번째 범죄의 죄책이 후손들에게 전가되지 않았다고 말합니다. 그러나 그들이 아담과 가지는 관계가 있고, 또 그의 자손이라는 사실로 인하여, 그들은 필멸의 존재로 세상에 와서 죄악 된 본성에 감염되었지만, 그들이 유죄를 받고 어떤 형벌에 노출된 것은 아담의 죄 때문이 아니라 그들 자신의 죄 때문이라고 말합니다. 그러나 이 가설은 그 주창자들이 칼빈주의의 원죄교리에 대항하여 제기하는 그 난제를 제거하기 보다는 오히려 그 어려움을 증가시키는 것이 명백하지 않습니까? 그들에 따르면, 사망과 타락한 본성이 아담으로부터 그의 후손에게 내려오는 것이 어떤 원칙에 근거를 둔 것입니까? 그것은 그들 사이의 어떤 언약 관계에 의한 것이라거나, 대표의 원칙the principle of representative headship에 의한 것이 아니라 그저 단순한 권위적 행위로서 그렇게 되도록 명령하는 임의적인 법칙constitution에 따른 것 같습니다. 그래서 그들은 전가 교리는 거부하지만, 아담의 죄로 인해 결과적으로 그의 모든 후손이 타락한 본성을 가지고 세상에 태어났으며, 이 본성이 제거되지 않으면 그들은 반드시 영원한 멸망에 이르게 된다고 고백할 수밖에 없습니다. 그렇다면 이것은 악이 아니고 형벌도 아니란 말입니까? 만약 이 상태로 태어나는 것이 형벌, 그것도 무거운 형벌이라면, 왜 이 형벌이 그들에게 부과되었습니까? 이 주장에 따르면, 그들의 타락 때문이라고 말할 수는 없습니다. 왜냐하면 이것은 그들이 타락하게 된 원인을 타락 그 자체로 돌리는 것이기 때문입니다.

그들은 우리의 첫 아버지의 죄가 전가되는 법은 없다고 합니다. 그러나 그 죄의 결과로 도덕적이고 불멸의 존재에 영향을 미칠 수 있는 가장 끔찍한 가해가 우리에게 보내졌다는 것은 인정하라는 것입니다. 전가가 없다면 아담의 모든 후손이 타락한 채로 태어나 죽게 되는 현실은 어디에서 온 것입니까? 이 재앙이 어떻게 그들에게 찾아왔습니까? 그러므로 분명한 사실은 그들은 그 용어는 거부하지만, 그들의 주장에는 우리가 주장하는 모든 전가의 본질이 고스란히 있습니다! 아, 아, 우리가 하나님 말씀의 단순한 진술에서 벗어날 때마다, 어김없이 어려움은 가중되고 우리는 더욱 당혹스러운 상태에 처하게 되는 현실이 애통합니다.

5. 사도시대에도 영감 받은 바울이 가르친 은혜의 교리에 대해 똑같은 반론이 제기되었습니다. 로마서 9장에서는 주권적이고 구별되는 은혜의 교리가 고백적인 방식으로 길게 논의됩니다. 사도는 하나님의 말씀을 담대히 선포합니다. "내가 긍휼히 여길 자를 긍휼히 여기고 불쌍히 여길 자를 불쌍히 여기리라 하셨으니 그런즉 원하는 자로 말미암음도 아니요 달음박질하는 자로 말미암음도 아니요 오직 긍휼히 여기시는 하나님으로 말미암음이니라" 그런 다음 그는 "하나님께 불의가 있느냐 그럴 수 없느니라"고 말합니다. 그럼에도 사도는 어리석고 트집 잡기를 좋아하는 이들이 계속 반대할 수 있다는 것도 알고 있습니다. 그래서 그는 다음과 같이 덧붙입니다. "혹 네가 내게 말하기를 그러면 하나님이 어찌하여 허물하시느냐 누가 그 뜻을 대적하느냐 하리니" 이 반대의 표현과 범위를 보면, 사도는 자신의 교리를 칼빈주의적 의미로 이해해야 한다고 생각하고 있음을 알 수 있습니다. 왜냐하면 다른 체계의 답에는 이 반대가 적절하지 않기 때문입니다. 바울은 이에 대해서 어떻게 대답합니까? 그는 그 트집쟁이들이 비판하고 있는 그 주제에 대한 자신의 견해를 철회하거나 부인합니까? 전혀 그렇지 않습니다. 그는 자신의 주장을 완화하거나 온건하게 만들려고 시도하지 않습니다. "이 사람아 네가 누구이기에 감히 하

나님께 반문하느냐 지음을 받은 물건이 지은 자에게 어찌 나를 이같이 만들었느냐 말하겠느냐 토기장이가 진흙 한 덩이로 하나는 귀히 쓸 그릇을 하나는 천히 쓸 그릇을 만들 권한이 없느냐 만일 하나님이 그의 진노를 보이시고 그의 능력을 알게 하고자 하사 멸하기로 준비된 진노의 그릇을 오래 참으심으로 관용하시고 또한 영광 받기로 예비하신 바 긍휼의 그릇에 대하여 그 영광의 풍성함을 알게 하고자 하셨을지라도 무슨 말을 하리요(롬 9:20-23)" 여기서 사도는 알미니우스주의자들의 반론이 얼마나 강력할지 예상하고 있습니다. 그가 한 문장에 담아낸 것 이상으로 이 반론을 더 밀어붙일 수는 없습니다. 가장 독창적인 반대자들도 그 반대에 힘을 더하지는 못했습니다. 그러나 사도는 그것에 대해 설명하거나, 인간의 이해에 맞추거나, 그 진술이 잘못 해석되었음을 보여 주려고 시도하지 않고, 이 반론에 대하여 대답합니다. 그런 것은 없습니다. 그는 전체를 하나님과 그분의 계획의 우월성, 주권성 그리고 불가해함 속에 녹여내고, 모든 사람에게 모든 것을 다스리는 이 위대한 원리에 굴복할 것을 촉구합니다. 그리고 다른 곳에서 동일한 주제에 대해서 마무리 지었던 저 유명한 탄성으로 마무리 짓습니다. "깊도다 하나님의 지혜와 지식의 풍성함이여 그의 판단은 헤아리지 못할 것이며 그의 길은 찾지 못할 것이로다"

6. 진지하게 신앙을 고백하는 모든 경건한 신앙인은, 그들이 설교나 대화에서 얼마나 알미니우스주의와 반펠라기우스주의를 신봉하든지 상관없이, 기도할 때는 항상 칼빈주의자가 됩니다. 이것이 바로 장로교 신앙고백이 말하는 그 신조를 지지하는 강력한 논거인 것입니다. 제가 관찰한 바로는, 알미니우스주의를 가장 열렬히 옹호하는 사람들도 간절하게 기도할 때에는 자신의 의존성과 무가치함을 느끼면서 자신이 좋아하는 의견을 내려놓습니다. 수천 개의 강단에서, 그리고 출판된 수천 권의 책에서, 설교는 확실히 반펠라기우스주의적인 반면, 기도는 아주 확실하게 칼빈주의적인 경우를 얼마나 많이 볼 수 있습니까! 이러한 불일치의 이유는 불을 보듯 뻔합니다. 오류를 범하는 사람들은 설교와 대화에서는 어떤 내용을 주장하지만, 기도할 때에는 은혜를 간구합니다. 전자의 경우, 그들은 논쟁을 즐겨하는 사람들이 가진 정신에 의해서 움직이고, 후자의 경우, 그들은 자신이 피조물로서 전적으로 의존적인 존재요, 죄인으로서 자신이 잃어버린 상태에 있으며 멸망의 상태에 있다는 사실을 느낍니다. 어떤 사람은

"알미니우스주의 원칙에 따라 기도하고, 또 그 체계가 가진 특성을 반영하는 기도는 우리가 본 적도, 들은 적도 없습니다. 이런 기도는 알미니우스주의적 구조 안에서는 충분히 대담한 신학적 호기심이 될 것입니다. 그러나 감히 말하건대, 그리스도인의 겸손과 헌신을 가진 그 어떤 사람도 그런 신학적 호기심을 자신의 하나님의 면전에까지 가져갈 수는 없을 것입니다."

기도할 때, 죄인은 자신의 연약함과 타락을 인정하고, 모든 공로를 부인하며, 여러 가지 죄를 고백하고, 하나님의 자비를 찬양하며, 더 나아가 모든 선한 소망과 희망을 하나님의 은혜에 돌리고, 모든 피조물과 그들의 모든 행위에 대한 하나님의 우주적 통치를 영화롭게 하며, 자신이 소망하는 구원의 계획과 실행과 완성을 그리스도 예수 안에 있는 구속을 통해 풍성하신 하나님의 분에 넘치는 은혜에 돌리게 됩니다. 바로 여기에 칼빈주의의 정수가 있습니다. 칼빈주의는 칼빈주의의 대적자들이 꾸며놓은 괴물 같은 부조리와 불순물이 아니라, 우리의 신앙고백에 나타나 있고, 우리가 칼빈주의자로 인정하는 모든 사람이 항상 주장해 온 냉정하고 성경적인 체계입니다.

7. 마지막으로, 칼빈주의 체계의 도덕적 영향력이 다른 어

떤 체계보다 더 순수하고 복되게 모든 시대에 걸쳐 미치지 않았는지 진지하게 조사해 볼 가치가 있습니다. 이 주장에 대해서는 양해를 구할 필요가 없습니다. 기도의 정신과 겸손하고 습관적이며 깊은 헌신에 더 많이 관련되어 있으며, 다른 어떤 체계보다 더 거룩한 삶과 더 적극적인 기독교적 자선을 독려하는 체계가 있다면, 우리는 그 체계가 성경에 가장 부합된다고 주장하는 것이 당연합니다. 그러기에 그런 신학 체계야말로 당연히 가장 수용할 가치가 있는 체계라고 자신 있게 말할 수 있습니다. 누구도 이 주장을 부정하기는 어려울 것입니다. 이 체계를 반대하는 사람들은 한때 이 체계가 방탕을 조장하는 경향이 있다고 비난하기도 했습니다. 하지만 그들이 훨씬 더 자주 그리고 한 목소리로 이 체계에 대해서 비난하는 것은 바로 이 체계가 세속적 쾌락을 억제하고 다양한 형태의 대중적 오락을 불필요한 것으로 금기시한다는 것입니다. 암흑기에 어거스틴을 따랐던 이들과 바울파Paulicians에 속한 이들, 토리노의 클라우디우스Claudius of Turin, 발도파, 그리고 위클리프와 후스와 제롬의 추종자들은 동시대 사람들보다 훨씬 더 도덕적으로 순수하고, 경건한 습관을 가졌으며, 부패하고 우상숭배적인 세상과 분리되어 있었던 것으로 유명하지 않습니까? 잉글랜드에서 종교개혁이 이루어진 후 반세기 동안, 다시 말하면, 그 왕국의 개신교 성직자 20명 중 19명이 칼빈주의자였다는 사실을 누구나 인정하던 그 시기의 경건과 도덕의 상태가 알미니우스주의가 대다수를 차지했던 17세기 후반보다 말할 수 없이 좋았다는 것에 대해서는 지성을 갖춘 모든 독자들이라면 인정할 수밖에 없지 않겠습니까? 찰스 2세 통치 기간 동안 거의 칼빈주의자라고 할 수 있었던 2,000명의 '추방된 목사들'의 특징은 무엇이었습니까? 그들의 특징을 말하자면, 하나의 집단으로서 잉글랜드 역사에서 가장 경건하고 순수하며 부지런하고 모범적인 그리스도의 종들이라고 할 수 있지 않습니까? 스코틀랜드, 특히 칼빈주의가 지속적으로 지배하고 있던 스코틀랜드의 특정 지역과 교회의 경건과 도덕적 상태가 잉글랜드보다 훨씬 더 순수했다는 사실이 보편적으로 인정받고 있지 않습니까? 그리고 정착 후 거의 100년 동안 뉴잉글랜드보다 더 순수한 도덕질서가 지배했던 곳, 그리고 모두가 알다시피 그 기간의 대부분 동안 칼빈주의 신조가 거의 보편적으로 널리 퍼졌던 그런 곳이 전 세계의 어떤 지역에 있었는지 말해 줄 수 있지 않습니까?

스스로 칼빈주의자가 아니라고 공언하는 영국 교회의 한 저명한 성직자는 다음과 같이 말했습니다. 이는 놀랍지만 동시에 타당한 말입니다.

"(칼빈주의의 부도덕한 경향에 대한) 이 의견은 상당 부분 칼빈주의가 무엇인지에 대한 잘못된 개념에서 기인하지 않는가? 이 모든 실제적인 악이 칼빈주의가 작동한 결과라고 주장하려는 사람들은, 개인적인 선택의 교리를 받아들이는 칼빈주의자의 믿음 속에는 필연적으로 자신이 선택되었다는 가정도 포함되어 있다고 생각한다. 진정한 칼빈주의자는 열광주의자가 아니다. 택자의 구원에 관하여서 그는 하나님의 영원한 목적이 있음을 믿는다. 하지만 자신의 구원에 대한 소망과 하나님의 영원한 목적에 있는 개인적인 지분에 대한 소망에 관하여는, 자신이 새롭게 되고 의롭게 된 상태에 있다는 증거를 소유함으로써 그 소망을 얻는다고 고백한다. 그는 하나님의 말씀을 통해 성도들이 '진리를 믿는 믿음' 못지않게 '성령의 성화를 통해 구원에 이르도록 택하심을 받았으며', 또한 '그리스도의 형상을 닮도록 예정하심을 받았고', '그리스도 예수 안에서 하나님이 그 가운데서 행할 선한 일을 위하여 지으심을 받은 자들'이라는 사실을 안다. 따라서 자신이 하나님의 택함 받은 자 중 하나이며 성도들과 함께 자신의 몫을 가질 것이라고 결론을 내릴 수 있는 성경적 근거를 가지고 있다고 느끼는 경우는, 오직 자신의 마음에서 성령의 거룩하게 하시는 영향력을 경험하고, 또 자신이 어느 정도 그리스도의 형상을 반영하고 있으며, 당연히 불완전하지만 그래도 성실하게 선한 일을 행할 때 뿐이다. 이것이 진정한 칼빈주의다. 그러므로 이 교리를 따르는 자들이 이 교리로 인하여 게으르거나 교만하게 되고, 은혜의 수단을 소홀히 하거나, 도덕적이고 상대적인 의무를 부주의하게 되는 경향이 있다는 말은 어디에서 온 말인가? 오히려 칼빈주의가 생산해 낸다는 혐의를 받고 있는 실제적인 악들은 오히려 칼빈주의에 대한 많은 반대자들이 두드러지게 보여주고 있는 것이 현실이다. 반면에 우리는 이 비난받는 체계를 정당하게 평가하는 일을 멈추지 말아야 하고, 또 칼빈주의가 성취할 수 있을뿐만 아니라 실제로 성취하고 있는 많은 선한 것들도 잊어버리지 말자. 나는 이 땅에서 경험할 수 있는 순결하고 영적인 즐거움에 대한 가장 숭고한 느낌 중에 일부를 칼빈주의자들이 경험하고 있다고 믿어 의심치 않는다. 하나님과 은밀히 함께 있으며, '성령께서 자신의 영과 더불어 증언하시고' 마음에 그분의 은혜로운 역사가 비추면서 그리스도를 통하여 자신이 누릴 수 있는 놀랍고 말할 수 없는 특권을 묵상할 때 그들은 그것을 경험한다. 그들은 이미 자신이 받았거나 앞으로 자신에게 예비된 모든 축복을 하나님의 영원한 계획과 자신의 아버지이신 성부 하나님의 선택하시는 사랑으로 여기고, 신적인 경륜과 완전성에 대한 거룩한 묵상에 빠진 채 깊은 부끄러움과 저항할 수 없는 기쁨 속에서 하나님의 은혜의 보좌 앞에 엎드려 있다. 나는 다른 사람들에게 영적 기쁨을 누리는 독특한 감정이 없다고 말하는 것이 아니다. 하지만 이 상태는 그들의 것이다. 그리고 그들은 하나님의 호의에 대하여 더 진지하게 헌신하고, 육체와 세상을 더 단호하게 극복하며, 그들의 주인이자 구세주이신 분의 뜻을 더 충실히 행하고, 그분의 영광을 더 빛나게 하겠다는 더 큰 욕망을 품고 결심하지 않고도 그들의 하나님과의 그러한 친교의 상태에서 몸을 일으켜 세울 수 있을까? 사실facts과 경험이 이 질문에 대해서 뭐라고 답하는지 들어보라. 그 어떤 교파나 그리스도인이라고 고백하는 사람들 가운데서도 겸손하고 경건하며 헌신적인 하나님의 종들, 진정한 기독교 정신을 가진 사람들, 선한 일에 열심이며 모든 의무와 삶의 관계에서 모범이 되는 사람들을 칼빈주의 교리를 가진 사람들보다 더 많이 발견할 수는 없을 것이다. 나는 당신이 이에 대해서 살펴보고 또 솔직하게 말한다면, 이 말이 사실이라는 말 밖에는 할 말이 없으리라 확신한다. 따라서 이 체계를 실제로 드러난 결과에 따라 판단하고, 또 당신이 이 주제에 대해 솔직하게 다시 생각해 보면, 나는 당신이 이 체계에 대한 반대를 거두고, 그와 같은 비난이 이 체계에 대한 잘못되고, 부분적인 견해에 근거하고 있음을 인정하게 될 것이라고 생각한다."

같은 맥락에서 온건한 알미니우스주의자였던 버넷 주교Bishop Burnet는 칼빈주의의 실제적인 장점에 대해 다음과 같은 의견을 제시합니다.

"칼빈주의자는 그들이 가진 견해에 따라 자기 자신을 비열한 존재로 생각하도록 배우고, 또 모든 사람의 영예는 하나님께 돌리도록 배운다. 이를 통해 그들 안에는 깊은 겸손의 기초가 놓이게 되며, 이로 말미암아 그는 은밀한 기도를 하고자 하는 간절한 마음을 가지게 되고, 하나님께 단단히 의지하고 싶은 마음이 일어난다."

브리태니커 백과사전에 있는 예정론에 관한 기사의 저자이자, 매우 유능하고 학식 있는 외국 변호사는, 비록 그가 칼빈주의에 회의적인 사람임에도 불구하고, 다음과 같이 선언합니다.

"우리에게는 상당히 대단한 것처럼 보이지만 정의의 차원에서 볼 때 우리가 말하지 않을 수 없는 한 가지 발언이 있다. 바로 다음과 같다. 고대로부터 오늘날까지, 우리가 고대 스토아학파, 유대의 에세네파, 현대 칼빈주의자들과 얀센주의자들의 성품을 그들의 적대자들인 에피쿠로스파, 사두개파, 알미니우스주의자들, 예수회와 비교해서 생각해 볼 때, 그들이야말로 가장 엄격하고 존경할 만한 덕을 실천하는 데 있어서 상당히 뛰어났으며, 자기 시대의 최고의 영광이었고, 후대의 모든 사람에게 모범이 되었다는 것을 발견하게 될 것이다. 동시에, 그 체계에 있는 우울한 기미와 혹독하게 엄격해 보이는 작은 요소만으로

그들의 미덕은 불친절한 모습으로 그려져 왔다는 사실을 고백하지 않

을 수 없다."

결국 칼빈주의 교리 체계에 대하여 긍정적으로 말할 수 있

는데, 교회로서 이 체계를 받아들이는 것이 우리의 행복이자

영광이기 때문입니다. 그것이 아무리 성경적 지지를 입증하

고, 또 무한히 위대하고 지혜롭고 선한 우주의 통치자의 성품

에서 추론된 것이 아무리 분명하게 드러나더라도, 인간의 본

성이 그대로 남아 있는 한, 자칭 신앙의 세계의 대다수를 차지

하는 사람들은 그들을 향하여 미움, 욕설, 풍자, 조롱 및 거부

를 결코 멈추지 않을 것입니다. 그 체계는 인간의 교만을 너무

낮추고, 너무 많은 자기 부정과 자기 포기, 하늘의 가르침에

대한 정신과 마음의 복종을 요구하며, 너무 많은 영성을 요구

하고, 또 세속적 쾌락과 오락을 멈추기를 요구하기 때문에, 많

은 사람, 심지어 기독교인이라고 공언하지만 복음의 영에 대

한 관심이 거의 없는 대다수의 사람에게 반대를 받지 않을 수

없습니다. 이 교리들은 영감 받은 사도들이 처음으로 그 의미

를 충만하게 가르쳤던 시대에도 이와 같이 전파되었으며, 심

지어 우리들의 교제 안에 있는 교회의 회원들 가운데 세상 정

신에 가장 물든 회원들은 우리 신조가 가지는 독특한 진리에

대하여 반대하기 가장 쉬운 이들로 드러났습니다. 모든 시대와 교회에서 가장 겸손하고 계몽된 영적인 그리스도인들은 진리의 성경으로부터 우리의 표준 문서에 수집된 자유롭고 주권적인 은혜의 교리를 가장 소중히 여기며, 그 교리를 가장 영광스러운 것으로 여기는 사람들입니다.

제4장
장로교회의 정치

    교회는 세상으로부터 부름을 받아 나왔으며, 예수 그리스도의 권위에 의해서 세워진 사회적 조직이기에 반드시 어떤 형태의 정치가 필요합니다. 그 어떤 사회도 질서가 없이는 순결하고 평화롭게 존재할 수가 없습니다. 그리고 그 어떤 질서도 권위와 법과 그 법을 적용하고 채택된 질서의 형태를 집행하는 공직자들이 없이는 유지될 수 없습니다. 하늘에 계신 우리 주인께서는 "자기의 몸인 교회"에게 교리의 순결과 대화의 거룩함을 유지하라고 명령하셨습니다. 또한 이를 위하여 질서를 어지럽히는 자들에게 경고하고 부주의한 자들을 꾸짖으며, 방황하는 자들을 갱생시키고 믿음과 행실에 있어서 부패하여 완고한 자들을 잘라내어 버리라고 명령하셨습니다. 교회는 이 모든 것을 하도록 명령을 받았습니다. 그리고 실제로 해 왔습니다. 반면에 세상의 모든 시민적인 정부는 연합하여 교회에 대항하였고, 모든 곳에서 순교의 불꽃이 일어났습니다. 그리스도의 왕국은 이 세상에 속한 것이 아닙니다. 이 나라는 이 세상의 정부와 아무 관련이 없습니다. 그리고 모든 정부와는 완전히 단절된 채 독립적으로 존재해야 합니다.

하지만 교회의 주인께서 "교회를 파괴하기 위해서가 아니라 교회의 건덕을 위해서" 교회에 부여한 권위를 교회의 회원들에게 적용할 수 있는 교회 헌법과 법률 체계와 직분자 조직이 없다면, 교회가 이런 의무들을 온전히 수행하는 것은 불가능합니다. 그러므로 교회를 어떤 확실하고 분명한 형태로 조직화시킬 필요가 있습니다. 우리가 어떤 하나의 통치형태가 교회의 존속을 위해서 반드시 필요하다는 말을 하려거나 그것을 믿는다는 의미는 아닙니다. 다만 교회의 순결과 평화가 유지되기 위해서는 어떤 형태의 통치가 채택되어야 하며, 하나님의 말씀에서 비롯된 통치 형태는 의심의 여지없이 가장 탁월하며 모두에게 구속력이 있는 것이라는 사실을 우리는 믿을 뿐만 아니라 주장하고자 합니다.

장로교회는 장로교회의 통치형태가 성경에서 비롯되었다고

주장합니다. 장로교회가 믿는 바에 따르면, 신약성경은 사도시대의 교회부터 존재했던 것으로서 교회의 정치가 가진 특징을 이루는 세 가지 요소를 분명하게 제시하고 있습니다. 이 세가지는 사역자들의 평등성과 치리 장로들에 의한 교회통치와 검토하고 통제하는 법원을 통한 통일성과 협력의 성취입니다. 장로교회는 한편으로는 계급적 성직제도가 주장하는 근거 없고 허황된 주장을 피하고, 다른 한편으로는 느슨하고 부적절한 독립교회주의의 사상을 피하고자 합니다. 대신 장로교회는 사역적 동등성을 채택하기를 원하며, 교회의 통치에 있어서는 성직자들이 가지는 야심을 가능한 막아내면서도 동시에 회원들의 권리를 확보하고 가장 덕스러운 방식으로 순결하고 온전한 치리를 시행할 수 있게 하는 효율적인 대의제도를 채택하려는 목적을 가지고 있습니다.

1. 먼저 우리는 성직계급제도를 거부합니다. 우리의 감독주의 형제들은 기독교 교회 안에 감독과 장로와 집사라는 세 종류의 성직질서가 있다고 주장합니다. 그러면서 오직 첫 번째 직분만이 임직할 수 있는 권세가 있고, 마지막 직분은 설교할 권세와 성례 중에 세례만을 집례할 수 있는 권세를 가지고 있습니다. 하지만 우리는 말씀을 선포하고 성례를 시행할 수 있

는 권한을 부여받은 모든 복음 사역자들은 공식적으로 동등하며, 교회 권세에 속한 가장 고귀한 행위를 수행할 수 있는 권한이 있다고 주장합니다. 한 마디로 말하면, 우리는 신약성경이 인정하는 복음사역자의 직분은 오직 하나 뿐이라고 믿습니다. 또한 감독이라는 호칭은 개교회의 일반적인 목사에게 적용되었는데, 사도시대에는 항상 그랬고, 그 이후에도 상당 기간 동안 그렇게 적용되었습니다. 이 호칭 아래 임직을 줄 수 있는 권세를 독점하는 더 높은 직분을 두는 것은 초대교회의 이 모델에서 떠나는 것입니다. 이는 하나님의 말씀에는 최소한의 근거조차 없는 강탈인 셈입니다.

우리의 성공회Episcopolian 형제들도 스스로 인정하는 사실이 있습니다. 바로 신약성경에서 '감독'이라는 호칭은 그들이 지금 이 호칭을 배타적으로 적용하고 있는 직분자들의 그 특정한 계층을 가리키는 경우가 단 한 번도 없었다는 사실입니다. 그들이 한 목소리로 인정하는 사실은 우리가 사도들의 글에서 읽는 감독들Bishops에 대한 모든 내용은 장로들Presbyters이나 교회의 일반적인 목사들Pastors에게 해당되는 내용으로 간주될 수 있다는 것입니다. 다른 말로 하면, 그들이 "이등 사역자second grade"라고 부르는 이들을 의미합니다. 하지만 그들은 사도들이 초기교회Primitive Church에서 교회론적으로 우월한 지위를 차지했다고 주장합니다. 그리고 그들은 사도들만이 자신들이 살아 있는 동안 안수를 줄 수 있는 권세를 가지고 있었다고 주장합니다. 그래서 이들이 죽고 난 다음에는 그들이 가졌던 우월한 지위가 특정한 계승자들에게 전달되고, 사도들이 살아 있는 동안에는 장로들에게 주어졌던 감독이라는 호칭을 이제는 그 사도들의 계승자들이 사용하게 되었다는 것입니다. 그래서 사도시대 이후로 오직 고위성직자들만이 이 호칭을 사용했으며,[12] 사도적인 우월성을 계승했으며 사도들처럼 안수를 줄 수 있는 배타적 권세를 가지고 있는 사람들만이 이 호칭에 합당하다고 주장합니다.

하지만 신약성경은 이 주장의 그 어떤 부분에 대해서도 인정하지 않습니다. 안수의 권한이 공식적이고 엄밀한 의미의 사도들에게만 국한되지 않았다는 것은 분명한 사실입니다. 정당한 의미에서 사도라고 할 수 없는 바나바와 디모데와 디도에게 안수를 줄 수 있는 권세가 있었을뿐만 아니라 실제로 그들이 안수를 준 사례가 넘쳐난다는 것은 부인할 수 없는 사실입니다. 그리고 이와 마찬가지로 분명한 사실은 사도들이 교

---

12 온더동크(Onderdonk) 감독(Bishop)의 "Episcopacy tested by Scripture," 12.

회에 더 이상 존재하지 않았을 때, 그들은 자신들이 사는 동안 감당했던 이 독특하고 우월한 직분을 이어받을 후계자를 남기지 않았다는 것입니다. 뛰어난 성공회 신학자인 배로 박사[Dr. Barrow]는 이에 대해서 아래와 같이 말합니다.

"사도적 직분 자체는 개인적이고 일시적인 직분이었기에 그 직분의 본성과 의도에 따라서 후대에 영속적으로 다른 사람에게 계승되지 않고 전달될 수 없다. 이 직분은 모든 면에서 볼 때 특별한 직분인데, 기독교 신앙의 전파와 교회의 설립에 필요한 대로 특별한 방식으로 수여되고, 특별한 목적을 위해서 계획된 것이며, 특별한 도움을 받아서 수행되고, 특별한 권세가 부여된다. 이 직분에 합당한 사람은 반드시 하나님으로부터 직접적으로 지명 받아야 하며, 사명을 부여받은 사람이어야 한다. 또한 그는 기적적인 은사[gifts]와 은총[graces]을 받아야 하며, 자신의 재량에 따라 영적인 은사를 줄 수 있어야 하고, 자신이 호소할 수 있는 오류가 없는 도움을 받아서 절대적인 방식으로 다스려야 한다. 하지만 교회의 기초가 되기 위해 필요한 수많은 특권과 기적적인 권세를 가지고 있는 그런 직분은 파생적으로 이어지도록 계획되지 않았다. 왜냐하면 이 직분 안에는 분명히 다른 이에게 전달되지 않으며, 지독한 속임과 위선이 없이는 그 누구도 자기 자신의 것이라고 주장할 수 없는 다양한 것들이 포함되어 있기 때문이다."[13]

이 박식하고 능력 있는 고위성직주의자는 우리에게 제시된 전체적인 주장의 기초에 관하여 이와 같이 판단했습니다. 성경에는 사도들의 탁월하고 고유한 권세가 전수된다는 주장을 지지하는 기미조차도 나타나지 않습니다. 신약정경이 완성되기 전에 기적의 은사와 영감의 은사를 받았던 사람들은 교회의 오류 없는 안내자가 되었습니다. 하지만 그들에게 계승자는 없었습니다. 그와 같은 계승자가 그들에게 있었다거나 있어야 한다는 그 어떤 사소한 암시조차도 발견할 수 없습니다. 하지만 만약 그들을 복음을 설교하고 기독교 성례를 집행할 수 있도록 권세를 받은 그리스도의 사역자^{ministers}로 본다면, 그들에게는 계승자가 있었습니다. 바로 복음을 설교하고 제자도^{discipleship}에 대하여 성례적 인장^{sacramental seals}을 시행할 수 있는 권세를 받은 모든 사람이 바로 그들의 계승자들입니다. 왜냐하면 구세주께서 사도들에게 주신 최종적인 사명, 곧 사도들의 최종적이고 궁극적인 역할로 받들어야 마땅한 사명으로서, 그들은 열방을 제자로 삼고 "성부와 성자와 성령의 이름

---

13   *Pope's Supremacy*, 79.

으로" 그들에게 세례를 베풀도록 보냄을 받았기 때문입니다. 그리고 사역적인 계승을 가리키는 것으로 보이는 다음과 같은 약속이 그들에게 주어진 것도 이러한 일상적인 의무를 감당하라는 명령과 직접적인 관계가 있습니다. "볼지어다 내가 세상 끝날까지 너희와 항상 함께 있으리라(마 28:20)"

만약 고위성직주의를 지지하는 이들의 주장과 같이, 안수를 주는 권세가 복음을 제시하고 성례를 시행하는 권세보다 더 성스럽고 존귀하다는 사실을 보여주는 증거의 껍데기라도 성경에서 찾아낸다면, 혹은 사도들이 가졌던 권세가 이후에 나뉘어졌고, 어떤 특정 계층의 사역자들은 자신들의 최종적인 사명에는 언급되지 않은 어떤 탁월한 권세에 있어서 그 사도들을 계승했지만 다른 계층의 사역자들은 더 낮고 일상적인 기능에 있어서만 사도들을 계승했다는 최소한의 암시라도 신약성경에 제시되어 있다면, 그들의 주장은 어느 정도 믿을만한 근거 위에 있다고 할 수도 있을 것입니다. 하지만 성경에는 여기서 그들이 옳다고 주장하는 두 가지 사실 가운데 어느 것에 대해서도 전혀 언급하지 않습니다. 이런 비슷한 사실에 대해 암시를 주는 구절이 발견될 것이라고 지어내는 것도 불가능합니다. 결국 우리가 감독주의를 옹호하는 사람들에게 그들이 가장 좋아하는 교리, 곧 교구의 감독들이 적절한 권세와 그들이 가졌던 사도적 성격의 탁월성에 있어서 사도들을 계승한다는 교리를 어디에서 가져왔는지 묻더라도, 그들은 그 사실을 주장하거나 암시하는 성경의 구절을 우리에게 전혀 제시하지 못합니다. 그들이 할 수 있는 일이라고는 그리스도 이후 4-500년이 지나기 전에 글을 쓴 몇몇 교부들에게서 발견되는 모호한 몇 가지 제안과 암시만을 겨우 제시하는 것 뿐입니다. 이와 같은 목적으로 성공회 형제들이 가장 자주 인용하는 작가는 5세기 중반에 전성기를 맞이했던 데오도레트^{Theodoret}인데, 그는 이렇게 말했습니다.

> "고대에는 동일한 사람들이 감독과 장로로 불렸다. 오늘날 감독으로 부르는 사람들은 그 당시에는 사도로 불렸다. 하지만 시간이 흐르면서 사도라는 호칭은 엄격한 의미에서 사도로 불린 사람들에게만 해당되었다. 그리고 앞서 사도라는 이름을 가졌던 나머지 사람들은 감독이라는 호칭을 가졌다. 이런 의미에서 에바브로디도는 빌립보인들의 사도^{the Apostle of the Philippians}라고 불린다. 또한 디도 역시 크레타의 사도로 불렸고, 디모데는 아시아의 사도로 불렸다."

바로 이와 같은 증언에 근거하여, 우리는 여러 가지 생각을 할 수 있습니다.

1) 이것은 성경의 증언이 아니라 사도시대 이후 5세기에 살았던 작가의 바람입니다. 그런데 그 시대에 교회는 매우 부패해 있었고, 그의 작품 속에는 많은 오류와 미신이 있다는 것이 드러났습니다.

2) 데오도레트가 살던 당시에 고위성직주의는 이미 확립되어 있었고, 그는 당시 오직 교황주의자들만이 승인할 수 있는 사제직에 관련된 원칙과 사실을 주장하고 있는 것이 분명합니다.

3) 사도시대에 가장 가깝던 시기에 활발히 활동했던 교부들은 일반적으로 사도들의 계승자로서 고위성직자가 아닌 장로들을 대표합니다. 구체적으로 마지막 사도들과 동시대를 살았던 이그나티우스는 반복해서 자신을 다음과 같이 소개합니다. "장로들은 사도들의 지위를 계승한다." 그리고 다시 "이와 같이 모든 사람이 장로들을 하나님의 산헤드린Sanhedrin과 사도들의 모임college으로 여기며 존경하자." 그리고 또 "예수 그리스도의 사도들과 같이 너희 장로들에게 복종하라"고 말합니

다. 그리고 반복해서 "장로들에게 사도들처럼 복종하라"고 했습니다. 우리는 이그나티우스와 데오도레트 중 누구를 믿어야 할까요? 의심할 여지없이, 성경에서 인정하지 않는 문제와 관련하여 어느 쪽도 신뢰할 수 없습니다. 2세기 후반에 번성했던 기독교 교부 이레네우스가 장로들을 사도들의 후계자라고 반복해서 말하는 것도 놀라운 일입니다. 다른 곳에서도 그는 감독과 같은 인물들에 대해 말하면서, 그 호칭을 사용하여 그들을 사도들의 후계자로 표현합니다. 그리고 그는 신약성경의 표현에 따르면 감독과 장로가 동일하다는 것을 보여주기 위해 한 번만이 아니라 여러 번 그렇게 합니다.

4) 데오도레트보다 더 일찍, 더 많이 배우고 더 높은 권위를 가진 어거스틴은 사도직이 어떤 감독보다 더 우위에 있다고 분명하게 선언합니다.[14]

5) 결국 데오도레트의 진술은 무슨 의미입니까? 5세기에는 그가 제시하는 것과 같은 주장과 그러한 언어가 일반적이었습니다. 왜 누구도 의심하지 않습니까? 그가 성경을 통해 그의

---

14   De Bapiis. contra Bonacitis. ii. 1.

진술을 이론화했기 때문입니까? 그는 그렇게 말하지 않습니다. 설령 그가 그렇게 말했다고 하더라도, 우리는 성경을 손에 들고 있으므로 그의 말을 믿을 수는 없었을 것입니다. 진실은 무엇입니까? 바로 이 주장이 가정하는 것과 같은 사실은 성경에 언급되거나 암시된 바가 없다는 것입니다. 성경은 어디에서나 사도들을 특별한 직분자로 나타내며, 그들의 독특한 자격과 권위로 인해 후계자가 없었지만, 이 직분이 영원하다는 관점에서 생각해 보면 정식으로 승인된 모든 복음 사역자가 그 직분을 계승합니다. 그리고 이 주제에 대해 다른 견해를 제시하는 것은 대중들의 속기 쉬운 성향을 악용하는 것입니다. 따라서 잉글랜드 교회의 가장 저명한 성직자들은 감독이 사도들의 공적 탁월성을 계승하는 독특하고 배타적인 후계자라는 항변plea에서 비롯된 감독의 우월성에 대한 이 모든 주장을 전적으로 무모하고 지지할 수 없는 것으로 여기고 폐기했습니다.

　고위성직제도를 지지하기 위해 우리 성공회 형제들이 일반적으로 촉구하는 다음 주장은 디모데가 실제로는 에베소의 감독이었고 디도는 그레데의 감독이었다는 것입니다. 그리고 당연히 이것은 일반 목사보다 우월한 목사 계급에 대한 명백한 예시가 된다고 주장합니다. 이와 같은 주장은 성공회 조직의 초석이 되었으므로, 이를 뒷받침할 수 있는 근거가 없다면, 전체 건물은 무너져 내릴 수밖에 없습니다.

디모데와 디도가 고위성직자였는지에 대해서는 신약성경 전체에 확실한 증거가 없는 것은 물론이고, 그에 대한 그림자조차 존재하지 않습니다. 두 사람 중 한 사람이 에베소나 그레데에서 고정된 목회적 책임을 맡았다는 증거는 전혀 없습니다. 두 사람 중 어느 누구도 혼자서 안수식을 거행했다는 증거도 없습니다. 그들 중 한 사람은 에베소에 있는 동안 명시적으로 "전도자의 일을 하라"는 지시를 받은 것은 사실이지만, 두 사람 중 어느 누구도 다른 사람들보다 더 고위직을 담당했다는 암시가 전혀 없습니다. 그들이 일반 복음 사역자라면 충분히 감당할 수 없는 어떤 행위를 했다는 암시도 없습니다. 요컨대, 디모데와 디도에게 맡겨진 책무에서 도출된 성공회의 모든 주장은 성경적 증거가 부족합니다. 이런 주장의 근거가 되는 모든 전제는 증거 없이 당연한 것으로 받아들여지고 있습니다. 이 전도자들이 행한 것으로 보이는 모든 것은 장로교회가 승인하고 파송한 전도자들에 의해 매일 행해지고 있으며, 성공회의 대의가 요구하는 지위보다 에베소와 그레데의 선교사들에게 더 높은 지위를 부여할 이유가 없습니다. 사실, 일반 삼단논법의 형태로 표현하면, 그 양은 다음보다 더 많지도 적지도 않습니다. "교구 감독 외에는 누구도 목사를 안수하고 교회의 질서를 설정할 수 없습니다. 그런데 디모데와 디도는 이러한 직분을 감당하였습니다. 그러므로 디모데와 디도는 교구의 감독이었습니다."

그러나 여기서 증명해야 할 바로 그 것, 즉 교구 감독들만이 안수 등을 할 수 있다는 것이 아무런 증명 없이 당연하게 여겨지지 않습니까? 이 주장이 예시하는 것보다 전체 질문에 대해 더 심한 구걸을 할 수 있을까요?

디모데에게 보내는 두 번째 서신과 디도에게 보내는 서신의 마지막에 있는 추신postscripts의 내용으로서, 디모데를 "에베소의 첫 번째 감독"으로, 디도를 "그레데의 첫 번째 감독"으로 말하는 내용은 권위가 없다는 것을 성경을 읽는 지적인 독자에게 굳이 알릴 필요는 없습니다. 모든 학식 있는 사람은 그 내용이 성경의 일부가 아니라는 것을 인정하기 때문입니다. 이 내용들은 의심할 여지없이 서신들이 기록된 날로부터 400여 년이 지난 후 악의적인 필사자들에 의해 덧붙여진interpolated

것입니다. 이 내용은 원본의 가장 확실한 사본에서는 전혀 발견되지 않습니다. 심지어 이 내용이 포함된 사본들도 모두 동일하지 않습니다. 그러다보니 이 내용은 모든 초기 영어 번역본에서 제외되었습니다. 그리고 이 말이 도입된 후 오랜 기간 동안, 그것들은 진본 성경의 일부가 아니라는 것을 나타내기 위해 수납된 본문received text과 다른 형태로 인쇄되었습니다. 그러나 제임스 1세의 치세에 지금의 성경이 번역되었을 때, 번역자들이 모두 성공회 신자들이었기 때문에 이 추신의 내용을 수납된 본문과 구분하는 표시 없이 현재 우리가 발견하는 위치에 자리잡게 되었습니다. 물론 이는 매우 부적절한 것입니다.

　소위 디모데와 디도에게 있다고 주장하는 성공회적 성격이 가져 온 결과가 바로 이렇습니다. 이는 신약성경 어디에서도 찾아볼 수 없습니다. 이 경건한 전도자들에 관한 영감 받은 역사에 기록된 모든 사실은 장로교 교리와 완벽하게 조화를 이룰 수 있을뿐만 아니라 성공회가 내세우는 가설보다 훨씬 더 잘 일치합니다. 따라서 저명한 성공회 신학자인 휘트비 박사Dr. Whitby는 고위성직제도를 전적으로 지지하면서 자신의 주석에서 다음과 같이 말합니다.

"이것과 디모데에게 보내는 서신에 관한 큰 논쟁은 디모데와 디도가 실제로 감독이 되었는지에 대한 여부입니다. 한 사람은 에베소와 아시아의 감독이요, 다른 한 사람은 그레데의 감독이 되었는지 여부입니다. 이제 이 문제에 대해 나는 첫 3세기의 어떤 작가들의 글에서도 그들이 이 호칭으로 불렸다는 암시를 찾을 수 없다고 고백합니다."

그리고 나서 그는 자신의 전체 주장에 다음과 같이 덧붙입니다.

"나는 이 두 가지 사례가 교구 감독직이 정착되었다는 것을 증명하는 절대적인 예시로 제시될 수 없다고 고백합니다. 왜냐하면 그들이 전도자보다는 감독으로서 이러한 통치행위를 감당했거나 통치권을 행사해야 한다는 것을 보여주는 증거는 아무것도 없기 때문입니다."

이 학식 있는 작가는 이 전도자들의 감독교회적 성격을 지지하는 증거를 처음 3세기 동안은 찾을 수 없다는 것을 인정하면서도, 4세기와 5세기의 작가들에게서 그것을 입증하기에 충분한 증언이 있다는 의견을 표명하고 있습니다. 그러나 이것은 성경의 증언이 아니며, 성경에서 발견되지 않은 것으로 교회를 구속할 수 없는 사실은 분명한 것입니다. 게다가 4세기와 5세기에 나타나는 이와 같은 증언을 공정하게 검토하고 다른 동시대의 증언과 비교한다면, 이런 내용들은 스스로 모순되고, 또 신약성경과도 일치하지 않기 때문에 완전히 무가치하며, 당연히 그것을 뒷받침하는 근거를 찾는 것도 불가능합니다.

우리 성공회 형제들이 일반적으로 촉구하는 성경의 또 다른 주장은 소아시아의 일곱 교회에 보낸 서신에서 언급된 '천사'라는 말에서 유래합니다. 감독직을 옹호하는 사람들은 "각 교회에서 '천사'라는 호칭으로 한 개인을 언급하고 있는데, 이는 성직자의 평등에 반대하고 감독직에 찬성하는 매우 강력한 '주장'입니다"라고 말합니다. 그러나 이 주장은 앞의 어떤 주장과 마찬가지로 설득력이 없을뿐더러, 오히려 그럴듯한 모습조차 보이지 않습니다. '천사'라는 용어는 메신저를 의미합니다. 이는 교회적 호칭으로서 구약성경에서 유래한 용어입니다. 모든 유대인 회당 또는 예배하는 회중에는 '교회의 천사'가 있었는데, 이 천사는 공적 예배를 주재하고 인도하는 것이 임무였습니다. 이 직책은 회당에서 기독교 교회로 옮겨온 것이 분명합니다. 그러므로 우리가 이 '천사들' 각각을 한 교회나 회중의 일반적인 목회자라고 가정한다면, 문제의 서신에서 발견되는 그들에 관한 모든 표현과 완벽하게 일치할 것입니다. 그러나 이 서신에 포함된 여러 교회를 향한 명칭을 주의 깊게 살펴본 사람은 개별 목사가 '천사'라는 칭호로 지정되어 있는지 의심할 만한 많은 이유를 발견할 것입니다. 어떤 이들은 목사들의 집단을 의도한 것으로 추정하기도 합니다. 가장 저명한 성공회 저술가들 중 다수가 이 의견을 옹호하였습니다. 하지만 고위성직자나 그와 유사한 어떤 것이 여기서 언급되었다는 증거는 전혀 없습니다. 가장 학식 있고 열성적인 고위성직제도의 옹호자들 중 일부는 이 사실을 인정했습니다. 그리고 전체 주장은 실제로 증명해야 할 요점에 대한 별 의미 없는 가정 assumption에 지나지 않습니다.

성공회 형제들은 때때로 자신들의 대의를 지지하기 위해 주장하는 다른 주장을 간단히 소개합니다. 그들은 야고보가 분명히 예루살렘의 감독이었다고 말합니다. 그들은 그가 예루살렘 공의회에서 마지막으로 연설했을뿐만 아니라 매우 핵심적인 문장이나 의견을 제시했으며, 베드로가 감옥에서 풀려난 후 어떤 사람들에게 가서 이 일을 야고보와 형제들에게 보여주라고 말했으며, 바울이 예루살렘을 방문했을 때에도 그에 관해 말했고, 또 다음날 바울이 "우리와 함께 야보고에게로 들어가니 장로들도 다 있더라"고 말한 사실들이 이를 증명한다고 주장합니다. 이러한 경우와 다른 경우를 예로 들어서, 성공회의 주장을 옹호하는 사람들은 야고보가 저명한 사람으로 언급되고 특별한 존경심을 가지고 대우 받았다고 말합니다. 그리고 이런 정황을 볼 때 그가 예루살렘의 감독이었다는 것을 알 수 있다고 합니다.

이 주장은 모든 장식을 제거하면 다음과 같이 됩니다.

"야고보는 마지막 연사였고 교회 회의에서 결정적인 의견을 제시했다. 따라서 그는 참석 한 다른 모든 사람보다 우월했으며, 당연히 예루살렘의 감독이었다! 베드로가 감옥에서 석방 된 이야기를 야고보에게 전해달라고 요청했으므로 야고보는 예루살렘 감독이었다. 바울과 그의 일행이 예루살렘에 있는 야고보의 집에 갔고 그곳에서 장로들이 소집되었으므로 야고보는 그 도시 교회의 수장이었다!"

이것은 절대적으로 야고보의 성품에서 가져 온 성경적 주장의 전부입니다. 확실히 이 주장이야 말로 증명되어야 하는 쓸데없는 가정이 무엇인지를 보여주는 가장 분명한 예입니다.

그러므로 우리 성공회 형제들의 주장은 성경의 테스트를 받게 되면 완전히 근거가 없다는 사실이 드러나게 됩니다. 그럼에도 그들은 긍정적이고 분명하게 주장한다는 것을 알 수 있습니다. 즉, 신약성경은 사도적 교회 안에 존재할뿐만 아니라 영원히 존재하도록 의도된 사람들, 곧 말씀과 성례의 사역자들보다 우월한 지위를 가진 사람들이 있다고 주장하고, 이 지위에 있는 사람들만이 안수할 권한을 가지고 있으며, 당연히 이 사람들의 지위에 의한 안수가 없이는 목회사역도 없고, 교회도 없고, 유효한 예식도 없고, 사람의 자녀들에게 "언약된 자비"도 있을 수 없다는 것입니다. 요컨대, 그들은 신약성경은 사도적 교회 안에 그러한 질서가 실제로 존재한다는 사실을 뒷받침할뿐만 아니라, 그러한 질서가 영원하고 필수불가결하게 필요하다고 주장하는 것을 보증한다고 우리를 설득할 것입니다. 당연히 입증 책임은 그들에게 있습니다. 그러나 그들은 증명하지도 않았고 증명할 수도 없습니다. 안수의 권세가 사도들이 살았을 때 사도들에게만 국한된 것이 아니라는 것은 성경을 편견 없이 읽는 모든 사람이라면 누구든지 알 수 있습니다. 사도들의 특별한 능력이 그들의 후계자들에게 전수되었다는 것은 영감과 기적이 여전히 교회 안에서 계속되고 있으며 이것이 사람에서 사람으로 계승된다는 것 만큼이나 성경적으로 증명할 수 없는 것입니다. 디모데와 디도가 에베소와 그레데에서 "장로들을 안수"하고 "부족한 것들을 정돈"하도록 임명되었다는 이유로, 그들이 단독으로 그 일을 수행했는지 알지 못하면서도 그들을 고위성직자라고 주장하는 것은 현대 장로교 선교사들이 선교지에서 비슷한 일을 수행하도록 위임받았기 때문에 그들을 고위성직자라고 말하는 것 만큼이나 증명하기 어렵고, 심지어 가능성이 높지 않은 주장입니다. 이는 그들이 성경에 근거를 두었다고 말하는 다른 모든 주장도 마찬가지입니다. 그들이 주장하는 성경적 근거라는 것들은 베드로의 우위성과 그 우위성이 로마의 다른 주교들에게 전수되었다는 사실이 하나님의 말씀을 통해 증명될 수 있다는 교황주의의 교리 만큼이나 근거가 없고 망상적인 것입니다.

그러나 가장 학식 있는 감독제 옹호자들 중 일부는 자신이 선호하는 제도가 성경에서 확립될 수 없다고 자유롭게 고백하면서도, 이 제도가 교부들의 증언에 의해 풍부하고 의심할 여지없이 뒷받침된다고 자신 있게 주장해 왔습니다. 이에 대해서 더 깊이 논하는 것은 다음과 같은 이유로 여기서는 적절하지 않다고 판단됩니다.

1) 성경이 개신교^{Protestants}의 신앙^{religion}을 담고 있습니다.

그것은 유일무이하며 신앙과 실천의 충분한 규칙입니다. 교부들에 의해서 고위성직제도가 마지막 사도 이후 50년 동안 현존하는 것으로 명백하게 표현되었다고 하더라도, 성경에서 찾을 수 없다면(실제로 분명히 발견되지 않기 때문에), 그러한 교부들의 증언은 결코 고위성직제도가 사도들에 의해서 지정되었다는 주장을 확립하지 못할 것입니다. 그것은 교회가 아주 초기에 타락했다는 것을 증명할 뿐입니다. 우리는 실제로 그러한 증언이 존재하지 않는다는 것을 알고 있습니다. 그러나 만약 그러한 증언이 있다고 하더라도 성경을 가지고 있는 한 우리는 그것을 거부해야 합니다.

2) 우리는 그리스도의 교회 안에 인간이 고안한 것과 다양한 형태의 부패한 모습이 실제로 매우 이른 시기부터 통용되고 있었다는 것을 알고 있습니다. 그리고 고위성직제도의 침입 만큼이나 반대해야 할 만한 몇 가지 관행이 첫 300년이 채 지나기 전에 도입되어 확립되었다는 사실도 압니다.

3) 교부들의 증언을 가지고 이 논의의 범위를 좁히기란 매우 어렵습니다. 왜냐하면 초기 교부들이 한 말 가운데 여기저기 맥락과 상관없이 언급되는 구절들은 언뜻 보기에는 고위성

직제도를 지지하는 것처럼 보이지만, 주의 깊게 살펴보고, 또 같은 교부의 다른 구절들과, 동등한 신빙성을 가진 다른 구절들을 서로 비교하면 그들의 증언은 고위성직제도에 대한 주장을 전적으로 거부하는 것으로 밝혀질 것이기 때문입니다. 4세기의 인물로서 학식이 풍부했던 제롬이 고위성직제도에 대해서 말하며, 이 제도가 하나님께서 지정하셨다는 주장에는 근거가 없고 점차 인간의 야망에 의해 생겨난 것으로 선언하는 내용을 읽는 사람들은 이 주제에 대한 교부들의 증언이, 이 제도를 대변한 낙관적이고 열렬한 고위성직주의자들의 증언과 매우 다르다는 것을 알게 될 것입니다. 그래서 주얼^{Jewel} 주교, 모튼^{Morton} 주교, 휘트기프트^{Whitgift} 대주교, 빌슨^{Bilson} 주교, 스틸링플리트^{Stillingfleet} 주교, 그리고 영국 교회를 장식했던 학식과 능력을 갖춘 다른 많은 성자들은 제롬의 주장을 수용하였습니다. 그리고 일반적으로 감독제 주장의 핵심으로 여겨지고 또 사람들이 의지하는 2세기 초의 이그나티우스의 증언과 관련하여, 우리는 그의 서신에서 모든 교회에 존재하고 있는 것으로 표현된 장로회주의보다 뚜렷하고 생생한 장로회주의가 묘사되어 있는 것을 발견합니다. 이그나티우스는 그가 연설한 모든 예배 집회에 감독, 장로, 집사가 존재한다고 명시적으로 말하고 있습니다. 이것이 고위성직제도에 대한 표현인가요?

전혀 그렇지 않습니다. 이 표현이 오직 장로회제도와만 조화를 이룬다는 것은 너무나 확실합니다. 장로교는 모든 예배 공동체에서 한 명의 감독ᵃ Bishop과 장로들Presbyters, or Elders과 집사들Deacons을 가진 유일한 교단입니다.

그러나 교부들이 감독제에 대하여 한 주장을 가지고 이 제도가 옳다거나 옳지 않다는 것을 판단하려는 근거로 지나치게 의존해서는 안 됩니다. 감독직이 성경의 시험을 받을 때 견딜 수 없다면, 우리는 다른 출처로부터의 지지가 가능한 여지를 "인간의 계명을 교리로 받으려는" 경향을 가진 사람들에게 기꺼이 남겨둘 수 있습니다. 이 원칙은 우리 교부들과 잉글랜드의 청교도들, 그리고 그 땅에서 개혁교회를 조직한 고위성직자들과 다른 사람들 사이에 큰 구분선 중 하나를 형성했습니다. 청교도들은 성경이 신앙과 실천의 유일하고 무오한 규칙이며, 성경은 교리뿐만 아니라 교회 정부와 권징의 표준으로 간주되어야 하며, 사도시대에 서 있던 교회가 우리가 본받아야 할 적절한 모델이라고 주장했습니다. 그러나 감독들과 궁정 성직자들은 공개적으로 성경을 교회 정부와 권징의 유일한 표준으로 간주해서는 안 되며, 교부들과 초기 공의회가 성경과 연합하여 규칙이 되어야 한다고 주장했습니다. 또한 그들은 구주와 그의 사도들이 교회 질서의 모든 문제를 시민 위정자의 재량과 국가 정치 형태에 맡겼다고 생각했으며, 3, 4세기에 채택된 교회 정부 형태가 사도시대에 존재했던 교회 정부 형태보다 선호되어야 한다고 진심으로 생각했는데, 이는 사도시대의 교회 정부 형태는 박해로 인해 침체되어 유아기 상태와 같다고 여겼기 때문입니다. 그리고 잉글랜드 성공회를 개혁하고 조직하는 데 앞장섰던 사람들은 이 계획에 따라 단호하게 진행했습니다.

그러나 우리는 반대되는 사항, 즉 성경에서 교구 감독직에 찬성하는 증거가 없다는 것을 증명할 수 있을뿐만 아니라, 더 나아가 신약성경에는 목회자의 평등성에 찬성하는 증거가 분명하고 강력하게 드러나 있다는 것을 보여줄 수 있습니다. 우리의 복 되신 주님께서는 자신의 섬기는 종들 사이에서 직분과 우월성에 관한 모든 다툼이 일어나는 것을 엄중히 책망하고 명백히 정죄하신 것은 너무나 분명한 사실입니다. 모든 개신교 교파의 지적이고 경건한 많은 사람은 사도들의 글에 근거를 두고 회당synagogue의 교회 질서가 영감 받은 사람들에 의해 기독교 교회로 이전되었다는 사실을 인정하고 있습니다. 신약성경의 역사를 조금만 살펴보면 사도들이 임명한 교회 직분자들의 이름과 기능이 성전이 아니라 회당에서 유래한 것임이 분명히 드러납니다. 신약성경에서 감독과 장로라는 칭호가 동일한 직분을 지칭하기 위해 교호적으로 사용되었고 그 당시에는 그 명칭이 일반적이었다는 것은 우리 성공회 형제들 스스로가 명백히 인정하는 사실입니다. 에베소 교회의 장로들이 사도행전 20장에서 감독으로 언급되고, 또 고위성직제도와 전혀 일치하지 않는 것으로서 같은 교회에 복수의 감독이 있었다는 사실은 의심의 여지가 없는 것입니다. 디모데가 "장로회의 안수로" 신성한 직분에 임명된 것은 분명합니다. 우리는 바나바와 시므온과 루기오와 마나엔과 같은 사람들, 그들 중 누구도 분명히 노회장이 아니었던 사람들이 바나바와 사울을 "따로 세우라"는 명령을 받았으며, "금식하고 기도한 후에 그들에게 안수하고 그들을 보냈다"라는 것을 발견합니다 (행 13:1-3). 그러나 더 낮은 지위에 있는 사람이 자신보다 높은 지위에 있는 사람에게 권위를 가지고 축복하고 안수하여 그를 보내는 것은 인간과 하나님의 모든 질서에 위배됩니다.

그리고 마지막으로, 우리 성공회 형제들의 주장에 대해 성경이 침묵하는 것만으로도 그 주장이 근거가 없다는 결정적인 증거가 되는 것이 분명합니다. 특히 더 열성적이고 결단력 있는 고위성직제도의 옹호자들은 그들의 주장을 근본적인 주장으로 삼고 있습니다. 그들에 따르면, 앞서 말했듯이 고위성직자에 의한 성직 안수 없이는 언약된 교회도, 유효한 사역이나 성례전도 있을 수 없습니다. 그렇다면 이렇게 중요하고, 아니, 필수적인 문제가 명백한 용어와 논란의 여지가 없는 증거로 성경에 규정되어 있지 않다는 것을 믿을 수 있겠습니까? 그들의 주장에 확실한 근거가 있고 다른 것들은 모호한 채로 남겨져 있다면, 감독의 특권은 반복적으로 그리고 의심의 여지가 없는 증거로 제시될 것이라 예상할 수 있습니다. 그러나 우리 성공회 형제들 스스로도 그렇지 않다는 것을 인정합니다. 그들이 제시하는 성경적 증언은 직접적이고 명시적인 것이 아니라 모두 간접적이고 많은 추론을 거친 것입니다. 때문에 그들은 그들의 주장을 많은 말로 지지하는 성경의 한 구절도 인용하지 않는 척합니다. 그러나 성경적 증언과 관련하여 그들이 전적으로 의존하고 있는 것은 사실과 그 사실로부터 가져 온 추론입니다. 그리고 그 사실이라는 것들도 그들 교단에서 가장 높은 학식을 가진 많은 사람이 그들의 목적에 완전히 사용할 수 없다고 선언한 것들입니다. 과연 어떤 이성적인 사람이, 우리의 복 되신 주님과 그분의 사도들이 고위성직제도의 교리를 동일한 빛 아래서 중요하게 여겼으며, 또 우리 성공회 형제들과 동등하게 그 제도를 강조하면서도, 이 전체 주제를 그렇게 불명확하고 모호한 상태로 남겨 두었을 수 있다고 믿을 수 있습니까? 이것을 믿을 수 있는 사람은 자신의 편견에 따라 아무 것이나 믿을 준비가 되어 있는 사람입니다.

앞서 언급한 바와 같이 종교개혁 시대에 잉글랜드 교회의 지도자들이 고위성직주의의 원칙에 따라 교회를 개혁하는 데 앞장섰던 것은 잘 알려진 사실입니다. 루터, 멜랑히톤, 츠빙글리, 부써, 피터 마터, 그리고 칼빈과 녹스는 앞 장에서 언급했듯이 유럽 각지에 흩어져 있던 모든 사람이 서로 상의하지 않은 상태에서 신약성경이 목회직의 평등 교리를 명백하게 가르치는 것으로 해석했으며, 복음 사역 안에 존재하는 모든 종류의 불평등을 인간이 고안한 것으로 이해했지, 하나님께서 지정하신 것으로 간주하지 않았습니다. 요컨대, 영국을 제외한 모든 개신교 사회에서 종교개혁의 지도자들은 서로 달랐고, 때로는 다른 주제에 대해 대단히 다른 입장을 가지기도 했지만, 거의 예외 없이 사도시대에 대해서는 모두 동의했던 사실이 있었습니다. 바로 감독Bishop과 장로Presbyter는 이름 뿐 아니라 실제로도 동일했으며, 어떤 목사에게 어느 정도의 탁월성을 허용하는 것이 적절한지 생각할 때 인간의 분별력만을 근거로 옹호해야 한다는 것입니다. 이 사실에 대해 어떻게 설명할 것인가를 생각할 때, 이 주제에 대해 하나님의 말씀이 제시하는 분명하고 명백한 사항은 장로교적 평등사상에 호의적이고, 고위성직주의적 주장에 대해서는 비우호적이라고 생각하는 방법 외에는 없지 않겠습니까?

2. 우리 성공회 형제들은 감독에 관해서는 원시적이고 사도적인 모델에서 떠났던 것처럼, 집사 직분에 관해서도 똑같이 그 모델에서 이탈했습니다. 그들은 집사가 성직자의 직분 중 하나이며, 하나님의 임명에 따라 설교하고 세례를 베풀 수 있는 권한을 부여받았다고 주장합니다. 누구든지 사도행전 6장의 첫 여섯 구절을 편견 없이 읽은 다음, 그들의 이 의견에 대한 최소한의 근거라도 있는지 말해보십시오. 사도들은 사람들에게 말합니다. "우리가 하나님의 말씀을 제쳐 놓고 접대를 일삼는 것이 마땅하지 아니하니 형제들아 너희 가운데서 성령과 지혜가 충만하여 칭찬 받는 사람 일곱을 택하라 우리가 이 일을 그들에게 맡기고 우리는 오로지 기도하는 일과 말씀 사역에 힘쓰리라 하니" 이 전체 진술에 정면으로 반대되는 것으로서 이 집사들이 결국 가난한 사람들을 돌보는 것이 아니라 "말씀의 사역"을 위해 수고하도록 임명되었다고 생각하는 것이

가당키나 합니까? 이것은 불일치, 아니, 너무나도 터무니없는 것이기 때문에 우리가 가질 수 있는 유일한 궁금증은 이 영감된 진술을 읽은 후에 도대체 어떻게 그런 제도를 채택할 수 있었을까 하는 것입니다. 빌립이 집사로 임명된 후 언젠가 사마리아와 다른 곳에서 설교하고 세례를 베푸는 장면은 이 결론에 대한 최소한의 추정적 증거도 제공하지 않습니다. 장로교회에서는 젊은 남성이 치리 장로 또는 집사로 1–2년 봉사한 후 복음의 사역자로 구별되는 경우가 자주 발생하지 않습니까? 빌립이 예루살렘의 집사 직분에 임명된 직후, 그 도시의 교회 성도들은 주로 "큰 박해가 있어 사도 외에는 다 유대와 사마리아 모든 땅에 흩어진" 상황이었습니다. 물론 그는 자신의 거주지에서 쫓겨났습니다. 이 무렵 그는 "성령과 지혜가 충만한 사람"이었고, 따라서 복음을 전하는 데 유용하게 쓰일 만한 자격이 있다고 판단하여 전도자로 새로 안수를 받고, 이 자격으로 설교하고 세례를 베풀러 나갔을 가능성이 있습니다. 그가 집사로 임명된 이야기를 말한 영감 받은 저자는 그를 명백히 "전도자"라고 불렀습니다(행 21:8). 그러므로 그가 전도자가 아니라 집사로서 설교하고 세례를 베풀었다는 것이 증명될 때까지는 집사가 설교하고 세례를 베풀 수 있다는 가정은 전적으로 불가능하며 신뢰할 가치가 전혀 없습니다.

사실 집사의 원시적이고 사도적인 직분이란 가난한 사람들을 돌보고 "식탁을 섬기는 것"이었습니다. 사도시대 이후 몇 세기 동안 조금씩 조금씩 이 직분을 맡은 사람들이 더 높은 직분의 기능을 찬탈했고, 그렇게 찬탈한 기능은 이후 교회 관습에 의해 확정되었습니다. 따라서 초기 교부들 중 가장 존경받는 이들 중 다수가 이 문제를 명확하게 이해했습니다. 따라서 오리겐은 마태복음 21장에 대한 주석에서 당시 집사들 사이에 만연했던 부패에 대해 말하면서, 집사들이 설교나 세례를 소홀히 하는 것을 말하지 않고 "가난한 이들을 방치하고 교회의 자선기금을 자신들의 용도로 전환하는 것"으로 표현했습니다. 오리겐은 다시 한 번, 자신의 마태복음 주석[tract] 16에서 우리에게 말합니다. "집사들은 교회의 헌금을 관장한다." 그리고 다시, "사도행전에서 가르치는 대로 집사들은 교회의 헌금을 관리하도록 임명받았다"라고 말했습니다. 4세기 암브로스는 자신의 에베소서의 주석에서 당시 "집사들은 일반적으로 설교할 권한이 없었다"라고 명시적으로 선언합니다. 같은 세기의 크리소스톰은 사도행전 6장 주석인 *Homil.* 14에서 다음과 같이 말합니다. 그 시대에는 "안수 받은 사도들과 같은 집사는 교회에 없었다"라고 말하며, 같은 맥락에서 사도시대와 마찬가지로 그 당시에도 그랬어야 한다고 자신의 의견을 제시합니다. 제롬은 에바그리우스^{Evagrius}에게 보낸 유명한 편지에서 집사를 "식탁과 과부들의 사역자"라고 명시적으로 부릅니다. 4세기 혹은 5세기의 작품으로 여겨지는 "사도적 헌법(*Apostolical Constitutions*)"[15] 제2권 27장에 다음 구절을 포함하고 있습니다. "집사는 감독이 알고 동의하지 않으면 가난한 사람에게 아무것도 주지 말라." 그리고 콘스탄티노플 제6차 총회의 Can. 16은 "성경의 집사는 가난한 이들을 감독하는 자에 다름 아니며, 고대 교부들의 의견도 이와 같았다"라고 선언하고 있습니다.

3. 목사들 사이의 평등만이 장로교회의 정치를 구별하는 유일한 특징은 아닙니다. 각 교회에서 교인들의 대표로 활동하는 장로회가 권징을 행하는 방식, 그리고 검토와 통제를 담당하는 법원이 당사자들이 불만을 느낄 때 상소를 인정하고 모든 개교회를 한 몸으로 묶어 진리와 질서의 동일한 규칙을 따르며 동일하고 통일된 헌법적 권위에 따르는 것은 장로교회의 독특한 장점들 중 하나입니다. 이 두 가지 점에서 장로교는 감독교회는 물론 독립교회와 회중교회와도 다르며, 실제로 대부

15 　역자주: 4세기 후반에 작성된 것으로 여겨지는 8권으로 구성된 모음집으로서 교회의 구조와 질서에 대한 내용을 담고 있다.

분의 다른 기독교 교파와도 다릅니다. 이제 이 두 교파에 주목해 보겠습니다.

독립교회와 회중교회는 교회의 모든 행정과 권징권을 성찬에 참여하는 이들이 직접적으로 행사하도록 합니다. 어떤 교회에서는 남녀 모든 교인이 동등한 투표권을 가지며, 어떤 교회에서는 남성만 권징에 참여합니다. 장로교인들의 평가에 따르면 이러한 교회 권징 방식은 가장 심각한 반대에 부딪힐 수 있습니다. 그들은 이런 방식이 성경에 의해 전적으로 뒷받침되지 않을뿐만 아니라, "많은 경우에 교회에서 가장 존경받지 못하는 사람들도 심판하는 위치에 두는 것"으로 여기고, 또 정의를 차분하고 분별력 있게 집행하는 데 극도로 불리한 것으로 간주하며, 더 나아가 모든 형태의 교회 권징이 무지와 편견, 열정, 교묘한 음모의 흔들림에 가장 많이 노출 된 것으로 간주합니다. 곧 그것은 자유를 가장한 채 종종 가장 끔찍한 폭정으로 이어지며, 목회자와 교인 모두에게 해로운 영향력을 행사하게 됩니다.

장로교회에서 각 교회의 치리와 권징은 교회에서 가장 경건하고, 깨달음이 있고, 지혜롭고, 신중하고, 중요한 교인 중 8

명 또는 10명으로 구성된 장로회에 맡겨져 있습니다. 이들은 목사를 수장으로 하는 사법 기관을 구성하여 교인들에 대한 공식적인 감찰을 시행하고, 그들에게 맡겨진 양떼의 입교, 훈계, 책망, 정직, 수찬정지, 그리고 출교와 관련된 모든 미묘하면서도 중대한 사건을 신중하게 판단합니다. 이러한 방식으로 교회의 치리와 권징을 수행하는 이유는 다음과 같습니다.

1) 기독교 교회 조직의 모델이 되었던 것이 틀림없는 유대인의 회당에서는 모든 다스림과 권징이 회중이 아니라 장로회에 의해 수행되었다는 것은 확실합니다.

2) 사도적 교회에서 다스림과 권징이 이와 같이 수행되었던 것이 분명합니다. 우리는 사도들의 감독 하에 있던 모든 교회에서 복수의 장로들이 안수를 받았다는 기록이 있다는 것을 압니다. 그리고 우리는 "잘 다스리지만" "말씀과 가르침에는" 수고하지 않는(딤전 5:17) 한 부류의 장로들이 분명하게 언급되어 있는 것을 발견합니다.

3) 각 교회에서 이 다스리는 장로라는 계층이 초기 기독교 교부들 가운데서 매우 분명하고 자주 언급되어 있는데, 특히

안디옥의 경건한 목사인 이그나티우스는 그 누구보다 이를 분명하게 언급했다는 것을 알고 있습니다.[16]

4) 암흑기 동안 교회의 참된 교리와 질서를 지켜낸 경건한 진리의 증인들, 특히 발도파와 보헤미안 형제들은 동일하게 우리가 앞에서 살펴본 것처럼 치리 장로와 가르치는 장로들을 통해 교회를 다스렸습니다.

5) 유럽 대륙의 모든 주요 종교개혁자들은 비록 서로 다른 명칭과 강한 편견으로 서로 분리되어 있었지만, 서로 협의하지 않고도 거의 예외 없이 치리 장로들의 신성한 권위를 가르치는 데 있어서 일치된 의견을 가졌으며, 그 증거로 우리가 그 동일한 사실을 확립하기 위해 익숙하게 인용한 말씀과 동일한 말씀을 언급했습니다. 잉글랜드의 종교개혁자들만이 이 직분자들을 교회에서 배제하였으며, 심지어 그들 중 일부, 즉 우리가 보았듯이 휘트기프트 대주교는 원시 교회에 그러한 직분자

---

16 이것은 많은 학식 있는 성공회 신자들이 명백히 인정하는 사실이다. 그중에서도 휘트기프트 대주교는 이렇게 표현한다: "나는 원시교회(primitive church)에서 모든 개교회에 회중에 대한 다스림을 담당하는 특정 원로들이 있었다는 것을 알고 있다. 그러나 그것은 공개적으로 복음을 고백하는 기독교 군주나 관리가 있기 전이었고, 또 공적권위에 의해 설립된 교회가 있기 전이었다." (Whitgift, *Defense against Cartwright*, 638, 651).

들이 있었다는 것은 인정했지만 당시의 상황에서는 그런 직분자들을 유지하는 것이 필요하지 않았거나 유익하지 않았다고 생각했습니다.

6) 이러한 직분자들은 건전하고 교화적인 권징을 유지하는 데 없어서는 안 될 필수적인 요소입니다. 그들이 없다면 권징은 전적으로 무시되거나, 대중의 소음과 혼란 속에서 계속되거나, 목회자 자신이 이를 직접 수행함으로써 종종 폭군이나 편파적인 사람 또는 정치적 기회주의자가 되는 상황에 놓이게 될 것입니다. 이러한 모습은 많은 독립교회와 회중교회에 너무나 분명하게 나타났기 때문에, 그들은 각각 가장 경건하고 깨어있으며 진중한 회원들 중 6-8명으로 구성된 위원회를 임명하여, 모든 권징 사건을 준비, 정리, 관리하는 일체의 업무를 이 위원회에 맡겼고, 따라서 회중은 이 분별력 있는 위원회가 사실상 이미 수행한 일에 대해 투표를 통해 공적으로 승인하는 것 외에는 할 일이 없게 되었습니다. 이보다 이 직분자들의 계층이 가진 중요성과 필요성을 더 강조할 수 있는 방법이 과연 있을까요?

마지막으로 독립교회와 회중교회주의자들은 개교회를 다

른 모든 교회와 완전히 독립된 것으로 간주합니다. 그들은 각 교회의 교인들이 행사하는 권한이 최고이며 최종적인 것이며, 많은 교회의 대표들로 구성되고 전체에 대한 사법권을 부여받아 사건을 검토하고 통제하는 법원은 인정되어서는 안 된다고 생각합니다. 따라서 독립교회 또는 엄격하게 말해서 회중교회에 속한 회원이 스스로 혹은 친구들이 생각할 때 부당하게 쫓겨났거나 어떤 식으로든 해로운 대우를 받았다고 여겨지더라도 구제책은 없습니다. 독립교회 제도에는 그가 항소할 수 있는 재판소가 없습니다. 그는 원래 판결을 내렸던 기관이 그 판결을 취소하지 않는 한, 살아 있는 동안 그 억압적인 판결에 따라야 합니다. 이 시스템에 있는 동일한 본질적 결함은 다른 다양한 사례에서도 나타납니다. 엄격한 회중주의 원칙에 따라 목사와 그의 양떼 사이에 분쟁이 발생하는 경우, 또는 서로 인접한 두 독립교회 또는 회중교회 간에 분쟁이 발생하는 경우, 회중교회 헌법은 구제 수단을 제공하지 않습니다. 분쟁은 세속인들 사이에서 분쟁이 발생할 때와 마찬가지로 민사 법원의 결정이나 선정된 중재인의 판결에 따를 수 있습니다. 그러나 회중교회 질서 체계는 구제책을 제공하지 않습니다. 이럴 경우 구제를 얻기 위해서는 경건한 마음에는 마찬가지로 고통스럽고 또 그리스도의 대의에도 불명예스러운 세속적 수단에 의지해야 합니다.

그러나 이러한 모든 어려움에 대해 장로교는 본질적인 구성에서 적절하고 신속하며 대부분의 경우 적절한 구제책을 제공합니다. 장로교의 통치와 권징제도는 그 자체로 조정과 평화를 위한 수단을 포함하고 있습니다. 모든 종류의 분쟁은 해결을 위해 특정 지역의 모든 교회의 대표들로 구성된 신중하고 분별력이 있는 사법 기관에 회부되는데, 이 기관은 하루아침에 만들어진 것이 아니며 그 주어진 일이 끝나면 존재하지 않습니다. 그러나 이 기관은 유기적이고 영구적이며 책임이 있고, 그 결정은 단순한 권고가 아니라 권위가 있으며, 그 판결이 잘못되었다고 여겨지면 교회의 더 많은 부분을 담당하며, 논쟁이 가진 흥분감에 영향을 덜 받는 상급 재판국에 상소할 수 있습니다.

우리는 이러한 검토 및 통제를 담당하는 치리법원의 설립 원리가 놀랍게도 신약역사 속에 예시되어 있으며, 우리가 행하는 실천이 신약의 사실에 의해 충분히 보증된다는 것을 발견합니다. 안디옥에서 유대의식의 준수 의무에 관한 문제가 발생했을 때, 그곳의 교회는 '각 교회는 스스로 문제를 처리해야 한다는 독립교회의 원리'를 따라 스스로 그 문제를 처리하려고 하지 않았습니다. 오히려 그들은 이 문제가 기독교 전체에 관한 문제이기 때문에 전체에 구속력이 있는 일반적이고 권위 있는 결정이 내려져야 한다고 생각했습니다. 따라서 그들은 특별한 대표들에게 이 문제를 "예루살렘의 사도들과 장로들"에게 상정하여 그들의 결정에 따라 해결될 수 있도록 하는 권한을 부여했습니다. 따라서 이 문제는 전체 공의회에서 논의되고 결정되었으며, 그 결정은 '법령'$^{δόγματα, decrees}$, 즉 권위 있는 판결의 형태로 모든 교회에 내려져 기록되고 따르도록 했습니다. 장로회 총회가 사법 기관으로 소집되어 단순한 자문위원회가 아니라 그리스도의 사법기관으로서, 주어진 사건에 대한 의무의 길을 선언하기 위해 사법권을 부여받아 한 회중만을 위한 것이 아니라 가시적인 교회 전체를 위한 결정을 선포하는 것보다 더 완벽한 예를 생각할 수 있을까요?

한 회중만을 위한 것이 아니라 동일한 가시적 단체에 속한 여러 교회를 위한 이 권위 있는 결정을 내리는 제도가 연약하거나 악하게 운영될 수 있다는 것은 당연합니다. 인간의 손에 있는 모든 것이 그렇듯이, 심지어 복음 그 자체도 마찬가지로 미숙하게 관리될 수 있고 때로는 억압과 장난의 수단으로 변

질될 수도 있습니다. 시민제도나 교회제도 가운데 세상에서 가장 완벽한 제도라도 마찬가지일 것입니다. 독립교회주의나 회중주의도 마찬가지입니다. 저명한 독립주의자인 로버트 홀 목사Robert Hall는 바로 이 주제에 대해 말하면서 "권력은 소수의 손에 있으면 위험하지만, 지혜는 다수와 함께하는 경우가 드물다"라고 말했습니다. 그러나 잘못은 제도에 있는 것이 아니라 운영에 있습니다. 여기에 모든 부분이 완전한 교회 정치의 한 형태가 있습니다. 모든 어려움을 제거하기에 적합하고, 그렇다고 실제로 시민권으로 무장한 것도 아니며(진정한 기독교의 모든 친구는 즐거워하는), 시민적인 형벌로 결정을 집행하는 것도 허용되지 않는 형태의 교회 정치가 있습니다. 바로 어리석음, 변덕 또는 반란이 머리 숙이기를 거부할 수도 있지만, 행복한 조정과 도덕적 힘이 있는 한, 기독교 사회가 제시하는 다른 어떤 것보다 더 연합을 촉진하는 데 적합하고, 그 장점을 기꺼이 활용하려는 모든 교회의 조화로운 조언과 협력에 더 적합한 정치입니다.

이것은 장로교회 정부에 찬성하는 주장과 그 형태의 교회 질서에 따르는 고유한 이점에 대한 피상적인cursory 견해입니다. 이것은 성직자의 야망을 억압하고, 성직자의 침해와 폭정을 방지하고, 대중의 열광과 폭력의 지배를 막고, 권징의 평온

하고 계몽적이며 교화적인 행사를 보장하고, 모든 사악한 영향으로부터 사람들의 종교적 권리를 유지하고, 한 교회 또는 하급 치리회가 실수, 편견 또는 열정으로 인해 부적절한 판결을 내린 모든 경우에 구제하는 데 있어서 다른 어떤 것보다 더 적합합니다. 장로교 정치는 우리의 모든 교회적 경계에서 "정치적이고 종교적인 모든 실질적인 자유의 기초에 놓여 있는 것으로 밝혀진" 엄격한 공화주의적이고 대의적 통치를 확립하고, 하나님 아래에서 행정의 정의와 안정을 보장할 것을 가장 높은 수준으로 약속합니다. 뿐만 아니라 교인들의 삶과 말에 대한 감찰은 언제나 반드시 필요하며, 동시에 경계와 보호, 그리고 신중을 기할 수 있고, 충실하게 실행될 때에는 교회 전체가 함께 일치된 행동을 하게 하고, 또 온 교회가 한 마음으로 기독교적 자선을 행하도록 하는 데 다른 어떤 제도보다 더 적합합니다. 마지막으로, 이 제도는 성직자들의 삶과 사역을 현명하고 공정하며 충실하게 감찰하는 데 다른 어떤 것보다 더 적당합니다. 다른 잘못은 말할 것도 없고, 적절히 통제할 수 있는 가능성이 없이 가장 심한 편애나 폭정에 빠질 수 있는 한 명의 감독보다, 이 신망 있는 장로회는 성도들을 교화시키는 의무를 수행하기에 얼마나 더 적합한지요! 이러한 형태의 교회 정치가 그 자체로 교회의 몸에 생명과 활동을 불어넣을 수는 없습니다. 그러나 활력과 열심과 재원이 존재한다면, 많은 부분으로 구성된 몸을 하나로 묶고, 다양한 지혜를 통합하고, 노력을 활성화하며, 신앙을 고백하는 많은 기독교인이 같은 규칙을 따르고, 같은 것을 생각하고, 같은 언어를 사용하며, 실제로 이름뿐 아니라 그리스도 안에서 한 몸이며, "모든 지체가 서로 한 지체"라는 것을 느끼게 하는 데 적합한 조직은 없습니다.

우리 감리교 형제들은 교회의 권위를 행사하는 연회 Conferences에 개교회 평신도들의 대표성을 받아들이지 않고 있으며, 이와 비슷한 성격을 가진 다른 일들은 물론이고 바로 이 거부 때문에 그들의 교단body 안에 심각한 분열이 생겼습니다. 우리 성공회 형제들은 평신도 대표를 교회 총회에 도입해야 할 필요성과 중요성을 인정하여 모든 '대회convention'의 하원 lower house에 '평신도 대의원'을 두고 있습니다. 그러나 이 기능에 대해 이 나라의 조직에서 그들은 그 어떤 신적인 보증도 제공하는 척하지 않습니다. 성공회가 시작된 곳(잉글랜드)의 교회에는 이러한 특징이 없다는 것은 잘 알려져 있습니다. 그리고 그것은 주님이 결코 승인하지 않은 예식과 직분을 교회가 마음대로 제정할 수 있는 권리가 교회에 있다고 생각하는 것에서 비롯된 것 일뿐 그 외의 다른 어떤 원칙도 이를 지지하지 않습니다. 반대로, 장로교회는 제도의 모든 부분에 대해 성경적 보증이 있다고 주장합니다. 장로교회는 그 어떤 교회도 성경에서 찾을 수 없는 직분을 임명하거나 권한을 행사할 자유가 없다고 주장합니다. 장로교회가 치리장로에게 교회를 감독하고 다스리는 기능을 부여하는 것은 그들이 편리하고 유용하거나 심지어 필요해서가 아니라 사도적 교회에서 그들의 제도에 대한 충분한 증거를 발견했기 때문입니다. 장로교회는 그리스도의 법에 따라 모든 사무에 대한 권위 있는 규제를 적절한 치리회judicial assemblies에 맡깁니다. 이는 이 제도를 통해 많은 인간적 유익을 기대하기 때문이기도 하지만, 무엇보다도 가시적인 교회의 본질적 일치를 위한 성경적인 원리와 예루살렘 총회라는 결정적인 예시를 통해 교회적 연합을 위한 이 계획에 대한 가장 영감된 보증을 발견하기 때문입니다. 장로교인들은 이론적으로는 성경적 대의제도를 거부하는 교파들조차도 결국 실제로는 이 제도에 의지할 수밖에 없으며, 이 제도가 없이는 일치나 질서를 보존할 수 없을 것이라는 사실을 기뻐하기를 바랍니다.

제5장
장로교회의 예배

장로교회가 '예배모범(*Directory for the Worship of God*)'을 만들 때 가졌던 근본원칙은 다른 모든 것에서와 마찬가지로 성경만이 유일하고 안전한 지침이라는 것입니다. 기독교 공동체에 또아리를 튼 가장 초기의 실제적인 오류 중 하나는 신앙을 담당하는 목사^{minister}가 자신의 판단에 따라 합법적으로 교회의 의식과 예식에 무언가를 추가할 수 있다는 원칙을 채택한 것입니다. 이러한 오류를 인정한 결과, 어거스틴은 5세기 초에 이미 하나님께서 지정하신 하나의 것에 인간이 지정한 열 가지가 교회로 들어와서 어떤 면에서는 유대인들의 예식체계보다 교회에 더 큰 짐이 되었다고 불평했습니다. 사실 유대인과 이교도 모두를 교회로 끌어들이기 위해 두 종교에서 많은 의식과 예식을 채택하여 그들이 기독교 모임을 더 편안하게 여길 수 있도록 했습니다. 이 악은 점점 더 심해져 종교개혁 이전에 이미 현재 로마교회의 특징이라고 할 수 있는 끔찍할 정도의 미신적인 모습에 이르게 되었습니다.

스코틀랜드와 잉글랜드에 있었던 우리 신앙의 조상들이 16세기에 이르러 각 나라에 교회가 조직되고 정착할 때 많은 갈등을 겪은 것도 바로 이 점과 관련이 있습니다. 고위성직자들과 다른 궁정 성직자들은 화려한 의식을 선호했고, 로마교회에서 오랫동안 사용되어 온 많은 의식을 유지하려는 경향이 있었습니다. 반면에 잉글랜드의 청교도들과 스코틀랜드에 있었던 청교도와 같은 신앙인들은 성경이 신앙과 실천의 유일무오한 규칙이므로 직접적인 교훈이나 모범, 또는 선하고 충분한 추론에 의해 성경의 보증을 받지 못하는 어떤 의식이나 예식도 하나님에 대한 공적예배에서 자리를 차지해서는 안 된다고 주장했습니다. 스코틀랜드에서는 원초적인 단순함을 옹호하는 사람들이 우세하였고, 또 사도시대에 존재했다고 여겨지며, 현재 스코틀랜드의 장로교회와 미국에서 시행하고 있는 것과 동일한 예배 방식을 스코틀랜드 국가교회 안에 확립했습니다. 하지만 잉글랜드에 있었던 우리 신앙의 조상들인 청교도들은 동일한 성경적 체계를 확립하는 데 실패한 것에 대해서 불만을 품었습니다. 왕실과 궁정 성직자들의 영향력 아래서 그들은 투표에서 밀렸습니다. 그럼에도 불구하고 의심할 여지없이 엘리자베스 여왕 통치 기간 동안 잉글랜드 국교회의 가장 경건하고 헌신적인 성직자 중 상당수와 국교회의 가장 합당한 고위 인사 중 일부는 개혁된 교회 체제 하에서 그 교회의 성격이 마침내 확정되었을 때, 오늘날 장로교인들이 성경적인 근거가 없기에 반대하는 모든 것을 공예배에서 제외할 것을 간청했습니다. 비록 청교도들은 국가교회에서 그들의 목적을 달성하는 데에는 실패했지만, 그들의 후손들은 그 나라에서나 우리나라에서 자신들이 주장했던 대부분의 세부 사항에 대한 그들의 소원을 실현할 수 있었습니다. 이러한 세부 사항 중 몇 가지 주요 사항과 관련하여, 이제 우리의 예배 체계에서 그것들을 고수하는 이유를 각각의 사항에 대해 설명할 필요가 있습니다.

그러나 이 세부 사항으로 진행하기 전에 하나님을 예배함에 있어서, 인간이 고안한 모든 것을 그 예배에 추가하지 못하도록 왜 우리가 반대하는지 그 이유를 보여주는 데 도움이 될 일반적인 내용에 대해 한 두 마디 언급하는 것이 유익할 것 같습니다.

1. 그리스도는 교회의 유일한 왕이자 머리이십니다. 그분의 말씀은 그분의 집의 법입니다. 당연히 교회는 그분의 말씀이 보증하지 않는 권능을 소유한 것으로 생각해서는 안 됩니다. 그러므로 교회가 주장하는 만큼의 권위를 성경에서 직접적으로 또는 상당히 암시적으로라도 찾을 수 없다면, 교회는 그 권위를 소유하지 않은 것입니다.

2. 우리는 그러한 인간의 고안물과 추가물에 대하여 성경이 명시적으로 금지하고 있다고 생각합니다. 바로 이 주제에 대해 말하면서, 고대 백성에게 하신 하나님의 중요한 질문인 이사야 1:12, 곧 "이것을 누가 너희에게 요구하였느냐"라는 말씀이 결정적인 의미를 가집니다. 마태복음 15:9에서 우리의 복되신 주님은 이런 것을 자신에게 매우 불쾌한 것으로 여기며 "사람의 계명으로 교훈을 삼아 가르치니"라고 말씀하십니다. 이런 행위는 우리가 하나님보다 더 현명하고 또 교회의 머리이신 주님보다 무엇이 교회에 유익이 될 것인지를 더 잘 이해한다는 것을 교묘하게 암시하는 것처럼 보입니다.

3. 만약 우리가 이 문을 일단 열면 언제 어떻게 이 문이 닫힐까요? 교회는 의식과 예식을 제정할 수 있는 권세를 가지

고 있다고 들었습니다. 즉, 하나님을 향한 예배에, 교회의 지배 세력의 다수는 변덕 때문이든, 아니면 과시욕이나 미신, 또는 다른 어떤 동기가 자극할 때 언제든지 마음대로 의식에 의식을 추가하고, 예식에 예식을 추가할 수 있는 권능을 가지고 있다는 말을 들었습니다. 그렇다면 이제 정말로 이 권능이 교회에 내재되어 있다면, 우리는 그 권능을 행사함에 있어서 어떤 제한을 두어야 합니까? 만약 교회의 의식에 10개 또는 20개의 새로운 의식을 추가할 권한이 있다면, 대다수의 목사가 그렇게 하고 싶다고 느끼는 경우 100개 또는 500개의 의식을 추가할 수 있는 동등한 권한이 없다고 할 수 있습니까? 그리고 교황권의 특징이라고 할 수 있는 엄청난 미신의 덩어리가 점차 축적된 것은 바로 이런 방식으로 그리고 바로 정확하게 이 원칙에 따라 이루어진 것이 아닐까요? 분명히 인간의 변덕 외에는 한계가 없으며 지난 시대에 너무나 명백하고 충격적으로 남용된 권력은 결코 하나님의 교회에서 주장되거나 행사되어서는 안 됩니다. 이를 더 구체적으로 말하자면 다음과 같습니다.

I. 장로교인들은 규정된 예배서[17]를 거부합니다

우리는 실제로 모든 경우에 기도문의 사용을 불법으로 간주하지 않습니다. 우리는 기도문이 유용했던 경우가 종종 있었으며, 많은 이에게 공적인 헌신을 행하는 이러한 방식이 매우 교화적이라는 것을 의심하지는 않습니다. 우리 교회의 어떤 목사가 기도문이나 여러 가지 기도 양식을 직접 작성하거나 다른 사람이 작성한 것을 빌려 쓰는 것이 적절하다고 생각한다면, 그렇게 할 완전한 자유가 있는 것으로 생각해야 합니다. 그러나 우리는 기도의 형식에 국한되는 것에는 반대합니다. 우리는 모든 성직자가 자신의 형편과 섭리의 시행에 따라 예배당에서 믿음의 행위를 자유롭게 행하도록 하는 것이 교회의 건덕을 세우는데 매우 중요하다고 주장합니다. 이렇게 판단하는 이유와 그에 따른 실천은 다음과 같습니다.

1. 우리는 사도시대 교회에서 어떤 형태의 기도문도, 그리고 어떤 규정된 예배서도 사용되지 않았다는 것이 확실하다고

---

17 역자주: 로마교회의 경우는 전례서라는 용어를 사용하고, 잉글랜드 국교회와 성공회를 비롯한 개신교에 대해서는 예배서라는 용어를 사용한다.

생각합니다. 우리는 그와 같은 어떤 것도 읽지 못했으며, 공예배나 공중예배social worship에서 그런 종류의 어떤 것도 사용되었다는 작은 흔적조차 찾지 못했습니다. 예배서를 가장 열렬히 옹호하는 사람들이 과연 신약성경에서 예배서가 사용되었을 가능성이 있는 사례를 제시할 수 있을까요? 바울이 에베소 장로들에게 엄숙한 책임을 맡기고 떠날 때 규정된 형태의 기도문을 사용했다고 누가 믿을 수 있겠습니까(행 20:36)? 그가 두로에서 자신에게 친절을 베풀었던 친구들에게 작별을 고하면서 해변에 무릎을 꿇고 그들과 함께 기도할 때 어떤 예배서를 사용했다고 상상이나 할 수 있겠습니까? 아니면 바울과 실라가 자정에 빌립보 감옥에서 하나님께 찬양을 부르며 기도할 때 어떤 책을 읽었다고 생각할 수 있을까요? 뿐만 아니라 바울이 디모데에게 "임금들과 높은 지위에 있는 사람"을 위하여 공적으로 기도하라고 권고했을 때, 교회에 예배서가 없었다는 것이 분명하지 않습니까? 교회가 하나의 기도문을 제공하고 그것에 제한되었다면 그러한 지시는 불필요하거나 오히려 터무니없었을 것입니다. 왜냐하면 그들은 기도가 모두 준비되어 있었을 것이기 때문입니다. 요컨대, 신약성경에서 기도가 매우 다양한 경우에 그리고 매우 다양한 언어로 표현된 것을 발견할 때, 만약 당시에 예배서가 사용되었다면, 그것에 대한 최소한의 암시도 없이 고정된 표현이 적용되어야 한다는 것은 이상하지 않습니까? 사도시대에 기도의 형식들이 의무적이었을뿐만 아니라 현재 일부 개신교인들이 그것을 귀하게 여긴다고 공언하는 것처럼 그것이 매우 중요하게 여겨졌다면, 영감 받은 저자들이 그런 기도의 형식에 대해서 전혀 언급하지 않고 침묵하며 지나쳤을 것이라고 누가 믿을 수 있습니까? 이 상황에서 우리는 적어도 그런 기도문의 사용이 교회에 구속력이 없었다는 것을 추론할 수 있습니다. 초기 기독교인들은 실제로 시편과 찬송을 미리 작곡하여 노래를 부를 때 이것들을 통일하였고, 아마도 최초 목사들의 모범과 서신에서 파생된 것으로서 성례를 집행하고 사람들을 축복하는 통일된 방법을 가지고 있었을 것입니다. 그러나 장로교인들도 아직 예배서를 사용하지 않는 것으로 여겨지는 다른 여러 교회 단체들과 마찬가지로 그런 것들은 가지고 있습니다. 하지만 당연히 이런 것들은 지금 우리가 살펴보는 것에는 적용되지 않습니다.

2. 제자들의 요청에 따라 주어진 주기도문은 이러한 결론에 이의를 제기하지 않습니다. 분명히 주기도문은 구문 그대로 변경 없이 사용되도록 의도된 것이 아니었습니다. 이 말씀은 두 복음서 기자들이 동일한 문구로 기록한 것이 아닙니다. 신약교

회가 세워지기 전에 주어졌기 때문에 새로운 경륜^{economy}보다는 옛 경륜에 엄격하게 적용되었습니다. 여기에는 그리스도의 이름으로 축복을 구하는 조항이 없습니다. 구주께서는 이 조항을 나중에 필수불가결한 것으로 엄숙히 명령하셨습니다. 그리스도의 부활과 승천 이후 신약교회가 세워졌을 때, 우리는 성령의 영감 받은 역사 속에서 이 양식을 사용하는 것에 관하여 전혀 발견하지 못합니다. 그리고 사도시대 이후 몇 세기가 지나서야 이 기도가 공예배에 명시적으로 도입된 것을 발견할 수 있습니다. 따라서 4세기에 어거스틴이 "그리스도께서는 이 기도를 예식서^{form}가 아닌 모범^{model}으로 의도하셨고, 제자들에게 기도할 때 어떤 단어를 사용해야 하는지 가르치려 하신 것이 아니라 무엇을 위해서 기도해야 하는지를 가르치려 하셨다"라는 결정적인 의견을 표명했다는 사실은 눈여겨볼 만한 사건입니다.

3. 그리스도 이후 수백 년 동안 기독교 교회에는 규정된 기도의 형식과 같은 것은 없었던 것 같습니다. 실제로 예배서를 좋아하는 이들은 종종 그 반대를 주장하지만, 그들의 주장을 뒷받침하는 증거는 전혀 없으며, 이런 주장은 가장 결정적인 증거에 반합니다. 초기 그리스도인들의 예배에 대해 설명하려고 노력한 가장 존경받는 초기 작가들은 기도문을 읽는 관습

과 전혀 양립할 수 없는 표현을 사용합니다. 그들은 목사 또는 기도를 인도한 사람이 "자신의 능력에 따라 기도를 쏟아 부었다"라고 말하며, "그가 육신의 눈을 감고 마음의 눈을 들어 하늘을 향해 손을 뻗어" 기도했다고 말합니다. 분명히 이런 자세로는 "기도문을 읽는" 것이 불가능했습니다. 5세기에 저술한 존경받는 교회 역사가인 소크라테스Socrates와 소조멘Sozomen은 모두 당대에 "공적 예배에서 같은 단어를 사용하는 사람은 단두 명도 찾을 수 없었다"라고 한 목소리로 선언합니다. 그리고 거의 동시대에 살았던 어거스틴은 이 주제와 관련하여 "기도에서 같은 내용에 대해 언급할 때, 서로 다른 단어를 사용할 자유가 있다"라고 선언합니다. 4세기에 바실Basil은 기도에 대한 지침을 제공하면서 이 예배에는 두 가지 부분이 있는데, 첫째는 자기 겸손에서 나오는 감사와 찬양이고, 둘째는 청원이라고 언급합니다. 그는 전자부터 시작하고, 그 과정에서 성경의 언어를 선택하라고 조언합니다. 이 말의 의미에 대한 예를 든 후 그는 "네가 할 수 있는 대로 성경에서 그분을 찬양한 후에(참으로 모든 것이 미리 준비되어 있고 책을 읽는 것이라면 이는 이상한 조항이다), 그 다음에 청원을 시작하라."[18]고 덧붙여 말하였

---

18   David Clarkson, *A Discourse Concerning Liturgies*, 120.

습니다.

바실의 시대에 공중기도가 규정된 예배서에 따라 이루어졌다면 이 모든 말은 터무니없지 않겠습니까? 사실, 초기 교회에서 즉흥기도나 자유기도가 일반적으로 사용되었고, 이런 현상이 정통과 경건이 쇠퇴하고 기도의 은사와 은혜가 크게 줄어들 때까지 계속 지속되었다는 것은 분명한 사실입니다. 그러자 목회자들은 그들이 구할 수 있는 최선의 도움을 구하기 시작했습니다. 그러나 당시에도 교회는 전반적으로 예배서를 제공하지 않았고, 즉흥적으로 기도할 수 없다고 느낀 각 목회자들은 다른 사람들이 작성한 기도문을 구해 대중 앞에서 사용했습니다. 따라서 어거스틴은 당대, 곧 많은 성직자들이 자신의 이름을 쓸 수 없을 정도로 교육을 받지 못했다는 완전한 증거가 있는 시대에 일부 목회자들은 "무지하여 중언부언하는 이들뿐만 아니라 이단자들에 의해 작성된 기도문에 빛을 비추었고, 또 적절한 분별력이 없는 그들의 무지와 단순함으로 인해 그 기도문을 좋은 것으로 여기고 그것을 사용했다"라고 말합니다. 만약 당시 교회가 규정된 예배서를 사용하는 데 익숙했다면 이런 일은 결코 일어나지 않았을 것입니다. 요컨대, 우리가 읽은 예배서 형태의 최초의 문서는 주후 633년 톨레도 공의회 회의록에 언급된 『공의서(*Libellus Officialis*)』이며, 이는 완전한 예배서라기보다는 '하나님을 예배하기 위한 지침서'였던 것이 분명합니다.[19] 실제로 이 시기 이전에는 능력과 경건이 부족한 목사들이 앞서 언급한 것처럼 스스로 기도문을 작성하거나 다른 사람들로부터 기도문을 구했다는 증거가 있습니다. 그러나 공적 기도에 대한 일을 규제하기 위해 개입하는 교회 기관에 대한 첫 번째 단서는 5세기 중반 경에 나타납니다.

우리가 종종 듣는 마가, 야고보의 자랑스러운 예배서에 대하여 말하자면, 모든 각성된 개신교도들은 그것이 명백한 위조라는데 동의하며 크리소스톰, 바실 및 기타 여러 초기 기독교 교부들이 만든 것으로 여겨지는 기도에 관해서 17세기에 살았던 잉글랜드의 고위성직자인 화이트White 주교는 다음과 같은 의견을 전달합니다. 그는 "바실과 크리소스톰에게 아비 노릇을 시키는 전례서들Liturgies에게는 알려진 어미, 즉 로마교회가 있다. 그러나 (다른 많은 정당한 이의 제기 외에도) 이 자녀들(역자주: 전례서들)의 추정 아버지들 사이에는 너무나 큰 상이점이 있어서, 오히려 적대자가 그것으로 증명하려 했던 바를 입

---

19   역자주: 예배서의 경우는 기도를 포함한 예배의 모든 과정을 읽도록 되어 있으나 지침서는 예배를 위한 모범을 제시할 뿐 그대로 읽어야 할 필요는 없는 차이가 있다.

증하는 적법한 증인 노릇보다는 어미의 부정직한 처신을 보여 준다."라고 말합니다.[20]

4. 사도들이나 사도적인 사람들이 예배서와 같은 것을 준비하여 교회에 주었다면, 우리는 의심할 여지없이 그것을 보존하고 후손들에게 조심스럽게 전승해야 했습니다. 이 경우 교회는 하나의 통일된 예배서를 가지고 있었을 것이고, 이 예배서는 기독교 공동체 전체가 소중히 간직하고 사용했을 것입니다. 그러나 이런 종류의 예배서는 존재하지 않았습니다. 로마교회의 전례서와 잉글랜드 국교회의 예배서에 있는 기도문들은 교회의 초기 교부들, 심지어 사도적 교부들이 만든 것으로 여겨지고, 우리가 방금 살펴본 것처럼 진본이라고 말하지만, 이것들은 전례서가 아니라 짧은 기도문들, 즉 기도문들의 '모음집'이었다는 사실을 기억해야 합니다. 이 기도문들은 예배서를 사용할 생각을 전혀 해 본 적이 없는 수천 명의 장로교 목사들이 순교의 순간에 사적으로 작성하고 남긴 문서들과 같은 것입니다. 이 신앙적인 글을 작성한 사람들이 공적 예배에서 규정된 기도문 형식의 사용을 거부하는 다수의 사람들이었

---

20 *Tracts against Fisher, the Jesuit*, 377.

다는 사실을 누가 의심하겠습니까? 따라서 6세기 이후 성직자들의 경건과 학문이 쇠퇴한 결과 많은 사람들이 점진적으로 전례서를 사용하기 시작했을 때, 같은 국가나 왕국 교회의 전례서들 사이에서도 통일성이 사라졌습니다. 모든 주교는 자신의 교구에서 자신이 기뻐하는 기도문들을 지정하고 심지어 기도문에 대한 다양성을 추구하며 이에 심취했습니다. 따라서 종교개혁이 잉글랜드에서 시작되었을 때, 그 나라에 확립되었던 로마교회는 왕국 전체를 아우르는 하나의 통일된 전례서가 없었고, 모든 주교의 교구마다 다른 기도서가 있었던 것 같습니다. 그리고 에드워드 왕의 통치가 시작된 지 2년째 되던 해, 그 왕국의 주요 교회 고위 인사들이 왕국 교회 전체를 섬기기 위한 하나의 통일된 계획을 간략하게 보고하라는 지시를 받았을 때, 그들은 사룸^{Sarum}, 요크^{York}, 헤리퍼드^{Hereford}, 뱅고어^{Bangor}, 링컨^{Lincoln}의 여러 교구의 5가지 로마교 미사전례서^{missals}를 수집하고 비교하여 잉글랜드 국교회를 위한 예배서를 만들었습니다. 따라서 5개의 교황주의 주교구에서 사용되던 전례서가 에드워드 왕의 첫 예배서의 기초가 되었고, 결국에는 현재 영국과 미국에서 사용되는 공동예배서의 기초가 되었습니다. 이 예배서에는 처음에 너무나도 지독하게 교황주의적인 내용이 많이 포함되어 있었기 때문에 유럽 대륙의 칼빈과 다른 사람들의 의견을 구하기 위해서 그들에게 보내어 읽도록 하였을 때, 그들의 심각한 비판으로 말미암아 다시 한 번 수정을 거쳤고, 상당한 개선이 이루어졌습니다. 그럼에도 로마교회의 미사전례에서 채용된 것이 분명한 많은 조항들이 남아있었습니다. 이 장의 많은 부분에서 언급하고 있는 것처럼 이런 부분들은 국교회 안에 있는 더 경건하고 복음적인 사람들을 슬프게 했습니다. 하지만 여왕과 여왕의 주변에 있는 고위성직자들은 그런 내용들을 배제하기를 거부했습니다. 이런 조항들이 오래되었다는 사실이 그것들을 옹호하는 주장의 근거가 되었습니다.

5. 목회자를 공예배에서 기도의 형식에 국한시키는 것은 기도의 정신을 억제하고 낙담시키는 경향이 있습니다. 우리는 해마다 같은 말을 끊임없이 반복하는 것이 적어도 많은 사람들에게는 지루함과 흥미 상실을 가져오는 경향이 있다고 생각할 수밖에 없습니다. 우리는 적지 않은 사람들이 그렇게 생각한다고 확신합니다. 윌킨스^Wilkins 주교는 필요할 때 기도의 형식을 사용하는 것을 친구로 여기지만, 그러한 '인도하는 끈'에 우리 자신을 전적으로 묶어 두는 것에 대해 강력하게 반대하며, 일시적인 기도에서 마음의 욕망과 애정을 발산하는 것이

은혜의 성장에 매우 유리하다는 의견을 표명합니다.[21] 그에 따라 한때 유창하고 감동적이게 즉석 기도를 하는 것으로 유명했던 이들이 이 습관을 버리고 여러 해 동안 정해진 형식에만 매달리게 되면, 그들이 헌신의 정신에 있어 현저한 쇠퇴를 나타내는 경향이 있고, 다시 자유기도를 드릴 때 많은 주저함과 당혹스러움으로 해야 된다는 점이 주목할 만합니다.

6. 아무리 광범위하고 다양한 기도문이라 할지라도, 개별 그리스도인이나 교회 전체의 모든 상황, 필요, 요구를 다 맞출 수는 없습니다. 그렇다면 규정된 양식에 마련되어 있지 않은 상황이 발생하면 어떻게 해야 할까요? 즉흥기도를 모험적으로 시도해 보든지, 아니면 해당 상황을 은혜의 보좌 앞으로 전혀 가져가지 못하든지 둘 중 하나일 것입니다. 이런 선택의 상황이 바람직할까요? 목회자들이 가장 절실한 상황임에도 기도서에서 그 상황에 맞는 것을 찾을 수 없다는 이유로 공동 기도 인도를 거절한, 우스꽝스러운 지경에 이를 뻔한 이런 종류의 사례들이 있었습니다! 아니, 매월 첫째 월요일 저녁에 열리는 월례 기도회처럼 흔한 예배는 성공회 목사가 즉흥기도에

---

21   Wilkins, *Gift of Prayer*, chap. II. p. 10, 11.

빠지지 않고는 적절하고 계절에 맞는 방식으로 결코 참석할 수 없습니다. 이 점은 해당 교단의 목사들이 여러 차례 고백하고 한탄한 바 있습니다.

7. 목회자와 회중을 규정된 예식에 제한하는 것에 반대하는 작지 않은 논거는, 예배서를 사용하는 데 익숙한 목회자의 마음속에 신앙이 활기를 띨 때마다, 특히 그의 교회 교인들 가운데 신앙이 강력하게 부흥할 때마다, 그의 형식에 따른 기도가 거의 대부분 바람직하지 못한 속박으로 여겨진다는 것입니다. 그리고 이러한 감정은 흔히 열렬한 즉흥기도로 분출되든지, 아니면 형식의 제약 아래서 무기력과 쇠퇴로 귀결되곤 합니다. 규정된 형식에 엄격하고 배타적으로 제한될수록, 더 차갑고 생기 없는 형식주의가 만연하게 될 것입니다. 훌륭한 목사였던 백스터Baxter는 이 생각을 더 단호하게 표현합니다. "정해진 형식은 영혼을 차갑고, 무감각하며, 형식적인 예배로 이끄는 확실한 방법이다."[22]

8. 한 번 더 말하자면, 세대가 거듭되는 동안 계속해서 사

---

22   *Five Disputations*, 385.

용되는 규정된 예배서는 오류를 고착시키고, 영속시키며, 심지어 오류를 강요하고 강제적으로 퍼트리는 경향 마저 있습니다. 예배서를 옹호하는 자들은 자기들에게 유리하도록 이와 정반대되는 주장을 한다는 사실을 잊은 것은 아닙니다. 곧 자신들에게 성경적이고 경건한 특성이 있고 이로 인해 자신들이 교회에서 진리의 통치를 확장하고 영속시킨다고 주장합니다.

예배서의 성격이 정말로 철저히 성경적일 때는 이러한 면에서 의심할 여지없이 유리한 영향을 미칠 수 있겠지만, 예배서가 오류를 가르치거나 오류를 내포하고 있을 때는 그 폐해가 깊고 개탄스러우며 대대로 전해질 수밖에 없을 것입니다. 이에 대해서 자세하게 진술하는 것이 이 사실을 간략하게 설명하는 지금의 작업과 어울린다면 이에 대한 마음 아픈 사례들을 제시할 수도 있을 것입니다.

전반적으로, 자유로운 기도와 규정된 기도의 장단점을 신중히 비교한 후, 성경에서 비롯된 것이든, 교회사에서 비롯된 것이든, 또는 일상의 경험에서 비롯된 것이든, 논거는 분명히 자유기도 또는 즉흥기도를 지지합니다. 하지만 일반적으로 유익한 이 특성은 실제로 연약하고 무지한 사람들에 의해 때

때로 망쳐질 수 있습니다. 그럼에도 우리는 거리낌없이 그 균형은 분명히 자유기도에 유리하다는 주장으로 기운다고 말할 수 있습니다. 결국, 기도서를 사용한다고 해서 즉흥기도를 인상적이고 유익하게 만드는 데 있어서 때때로 발생하는 어려움이 해결되는 것은 결코 아닙니다. 기도문을 암송하는 모습이 감각을 가진 모든 듣는 이들을 역겹게 하고 그들에게서 진지함을 제거하는 모습을 목격하지 않은 사람이 누가 있겠습니까? 복음 사역자들이 경건한 사람들이라면, 그리고 그들이 "부끄러워할 필요가 없는 일꾼들"이며 "진리의 말씀을 옳게 나누는" 자격을 갖추고 "성경에 능통한" 사람들이라면, 그들은 신앙의 명예와 교회의 건덕을 위해 자유기도를 하는 일을 어려워하지 않을 것입니다. 그들이 이런 특징을 갖추는 것을 그만둘 때, 그들은 예배서를 가져야 하고, 자신을 위해 마련된 예식서를 가져야만 합니다. 5세기와 6세기에 예배서의 사용이 기독교 교회로 서서히 스며든 것은 바로 이러한 상황에서였습니다. 그러나 즉흥기도가 모든 공중예배 중 가장 부드럽고, 깊이 감동을 주는 순서가 되지 못한다면, 그것은 분명히 목사들의 잘못입니다. 왜냐하면 즉흥기도는 '가장 부드럽고, 깊이 감동을 주는 순서가 될 수 있고' 또 그래야 마땅하기 때문입니다.

Ⅱ. 장로교인들은 성일을 준수하지 않습니다

우리는 우리의 공식 표준 문서에서 "복음 경륜 아래에는 주일, 즉 기독교인의 안식일 외에는 거룩하게 지키라고 명령받은 날이 없다"라고 믿고 가르칩니다.[23] 사실 우리는 같은 문서에서 하나님의 섭리의 특별한 계시가 지시하는 대로 금식과 감사의 특별한 날을 준수하는 것이 성경적이고 합리적이라고 믿고 선언합니다. 그러나 우리는 이러한 날들을 정해진 준수 사항으로 만들어 섭리의 양상이 어떠하든 특정한 시기에 반복해서 지키는 것이 그리스도의 몸의 건덕을 위하기보다는 형식주의와 미신을 조장하게 된다고 확신합니다.

우리가 이러한 견해를 가지는 이유는 다음과 같습니다.

1. 우리는 그러한 준수 사항에 대한 성경적 근거가 교훈이나 예시의 모습으로 나타난 것을 발견할 수 없다고 확신합니다. 신약성경에는 그러한 날들이 사도들이나 그들 시대의 어

---

23   역자주: 이 내용은 웨스트민스터 예배모범 '14항 부록–공적예배의 날과 장소에 대하여'에 기록되어 있다.

떤 교회에 의해 준수되거나 권장되었다는 암시가 없습니다. 사도행전 12:4에 나오는 부활절에 대한 언급은 이 주제에는 해당되지 않습니다. 헤롯은 기독교인이 아닌 유대인이었고, 당연히 기독교적인 의식을 지키고 싶어하지 않았습니다. 이 구절의 진정한 의미는 '유월절 후에 그를 백성들에게 내어주려고 했다'는 것입니다. 원문을 조금만 살펴보면 모든 지성적인 독자는 이에 동의할 수 있을 것입니다.

2. 우리는 성경이 그러한 날들에 대한 준수를 보증하지 않을뿐만 아니라 이에 대해서 적극적으로 반대한다고 믿습니다. 골로새서 2:16과 갈라디아서 4:9-11을 공정하게 평가해 보십시오. 그런 다음 이 구절들을 통해 영감 받은 사도가 그러한 날들을 준수하는 행위를 못마땅하게 여기고 있다는 사실에 대해서 분명히 말하고 있지 않은지 말씀해 주십시오.

3. 구약경륜 아래서 하나님의 지시로 금식과 축제를 준수한 것이 신약경륜 아래서 그러한 것들을 준수하라는 의미는 전혀 아닙니다. 신약교회가 세워진 후에는 그와 같은 구약경륜이 더 이상 구속력이 없거나 심지어 합법적이지도 않았습니다. 그리스도의 오심으로 분명히 폐지된 구약의 유월절, 향, 번제

제물을 현재도 계속 사용하라고 주장하는 것이 합리적이라고 한다면, 그것과 어느 정도 유사성을 가지기만 하다면 인간이 고안한 것들도 기독교 교회에서 구속력이 있다고 주장하는 것 역시 합리적이라고 할 것입니다.

4. 초기 기독교인들이 정기 금식과 축제를 도입했던 역사를 보면 이런 것들의 의무와 이것들이 가진 교화적 성격에 대해 많은 부정적인 내용을 알 수 있습니다. 금식과 축제의 기원은 보잘 것 없었습니다. 이런 것들은 주로 축제와 성일에 익숙했던 유대인과 이방인을 교회로 끌어들이기 위해 육신적인 정책의 일환으로 도입되었습니다. 그리고 이런 것들은 도입된 순간부터 갈등의 신호가 되었거나 아니면 세속적인 편의와 비천한 미신을 상징하는 기념비가 되었습니다.

주일을 제외하고 사도들이 살아 있는 동안 기독교 교회는 성일을 지킨 적이 없었고, 그들이 다른 어떤 날을 적절하거나 바람직하게 여겼다는 암시도 없었던 것처럼, 우리도 역시 2세기 후반에 이르기까지 그러한 날을 준수했다는 어떠한 암시도 찾을 수 없습니다. 그 후, 부활절을 축하하는 것에 대한 논쟁이 일어났습니다. 아시아의 기독교인들은 유대인의 유월절에 규정된 것과 동일한 시기에 부활절을 준수할 것을 호소하면서 이것이 사도적 전통에 의해 뒷받침된다고 주장하는 반면, 서방 교회는 어떤 특정한 일요일에 부활절을 지켜야 한다고 주장했고, 동일한 확신을 가지고 사도적 전통이 자신들의 생각을 지지한다고 주장하였습니다. 이 격렬하고 부정한 논쟁에 관하여서는, 유세비우스가 죽은 직후에 역사를 기록했고 유세비우스의 역사가 마치는 곳에서 자신의 역사를 시작하는 교회사가인 소크라테스의 말을 들을 필요가 있습니다. 그는 부활절에 관한 논쟁에 대한 자신의 견해를 다음과 같이 표현합니다.

"고대인들도, 그리고 유대인 관습을 선호했던 후대의 교부들도 모두 부활절 축제에 대해 그렇게 열심히 논쟁할 충분한 이유가 없었다. 그들 내부에서조차 유대교가 기독교로 바뀌었을 때, 모세 율법을 문자적으로 준수하는 일과 또 그것이 다가올 일들의 모형의 기능이 완전히 멈췄는지에 대해서 생각하지 않았기 때문이다. 그리고 이것은 그자체로 증거를 가지고 있다. 그리스도의 법 중 어느 것도 기독교인들이 유대인의 의식을 준수하는 것을 허락하지 않는다. 아니, 사도는 할례를 폐지하고 우리에게 축제와 성일에 대해 다투지 말 것을 권면하는 곳에서 분명한 말로 그것을 금지했다. 갈라디아 사람들에게 편지를 쓰면서, 그는 그들에게 날과 달과 때와 해를 지키지 말 것을 권고

한다. 그리고 골로새 사람들에게, 그는 그러한 것들의 준수가 그림자에 불과하다고 분명하게 선언했다. 사도들도 복음서 저자들도 그리스도인들에게 부활절을 지키라고 명령하지 않았다. 그러나 그런 날들을 기억하는 일은 그러한 날들로 인해 유익을 얻은 사람들의 자유로운 선택과 재량에 맡겼다. 사람들은 성일[holy-days]에 수고와 노동에서 휴식을 취하기 때문에 그날을 지킨다. 그러므로, 모든 곳에서 그들은 자발적으로 주님의 고난을 기념한다. 그러나 우리 구주도 그의 사도들도 우리에게 그것을 지키라고 어디에서도 명령하지 않았다."[24]

여기 5세기 초에 유명했던 저명한 기독교 작가가 있습니다. 그는 교회사를 그의 특별한 연구 대상으로 삼았고, 그리스도도 그의 사도들도 축제일을 준수하라는 어떤 명령이나 심지어 묵인조차 하지 않았다고 명시적으로 선언합니다. 그것은 관습에 의해 교회에 들어왔고, 교회의 다른 지역에서는 이 문제에 관하여 다양한 풍습이 있었습니다. 특히 부활절과 관련하여, 이 다양성은 놀라웠습니다. 우리는 부활절 준수에 대해 듣자마자, 부활절 준수 때문에 일어나는 다툼의 소식과 그리스도인들의 교제에 방해가 일어났다는 소식을 듣기 시작합니다.

---

24   Socrates, Lib.5, cap. 21.

어떤 사람들은 이 축제를 한 날에 지키는 것에 대해 일부 사도들의 권위를 인용하고, 다른 사람들은 다른 날을 선택하는 것에 대해 동등한 확신을 가지고 다른 사도들의 권위를 인용합니다. 이로써 어딘가에 오류가 있다는 것과 모든 당사자가 잘못되었을 가능성이 높으며, 그러한 준수 사항들이 기독교인들에게 전혀 구속력이 없다는 것을 알 수 있습니다.

의심할 여지없이 부활절은 유월절을 대신하여 2세기에 도입되었고, 심지어 사도시대에도 "너희가 모세의 법대로 할례를 받지 아니하면 능히 구원을 받지 못하리라"고 말했던 유대인들의 편견에 순응하여 도입되었습니다. 따라서 그것은 일반적으로 부활절로 대체되었던 유대인 축제의 이름에 따라 파스카pascha와 파스크pasch로 불렸습니다. 영국에서는 기독교가 그 나라에 도입되었을 때, 동일한 계절에 이교도 여신 에오스터Eostre를 기리기 위해 거행된 대규모 축제가 기독교 축제로 대체되었고, 실질적으로 이교도 신의 이름을 받았기 때문에 영국에서 이스터Easter라는 명칭을 얻게 된 것으로 보입니다. 그래서인지 이스터Easter라는 명칭은 영국인과 그 후손들 외에는 거의 사용되지 않습니다.

5. 로마가톨릭교회와 일부 개신교 교회에서 크리스마스 만

큰 관심과 열정을 갖고 축하하는 축제는 거의 없습니다. 그러나 3세기 중반 오리겐이 자신의 시대에 준수되었던 금식과 축제의 목록을 제시할 때, 거기에는 크리스마스에 대한 언급이 없습니다. 이 사실로부터, 피터 킹 경*Sir Peter King*은 자신의 "원시 교회의 헌법과 예배 등에 관한 탐구(*Inquiry into the Constitution and worship, &c. of the Primitive Church*)"에서 그러한 축제가 당시에는 준수되지 않았다고 추론하고, "그리스도가 태어난 달과 날짜에 대해 의견이 일치하지 않을 때 그들이 그리스도의 탄생을 축하했을 것 같지는 않다"라고 덧붙입니다. 일 년 중 매달이 기독교 교회의 서로 다른 지역과 서로 다른 작가들에 의해 우리 주님의 탄생 시기로 지정되었습니다. 그리고 교회 달력에서 이것과 다른 성일의 최종적인 날짜는 역사적인 확실성을 가진 계산이 아니라 오히려 천문학 및 수학적 원리에 따라 조정되었습니다.

그러나 크리스마스를 기독교 교회에 도입한 동기와 방식을 보면 크리스마스에 대해 더 강력하게 반대합니다. 그 진정한 기원은 다음과 같습니다. 많은 다른 의식과 마찬가지로, 크리스마스 역시 이교도로부터 빌려 온 것이었습니다. 로마인들 사이에서 잘 알려진 이교도 축제인 사투르날리아*Saturnalia*는 그들이 지어낸 신이었던 사투르누스*Saturn*을 기리기 위해 제정되었기 때문에 사투르날리아라는 이름으로 구별되었으며, 그들은 이 날을 가장 화려하고 사치스럽게 보내며 이를 기념했습니다. 이 축제가 지속되는 동안은 자유와 평등의 시즌이었습니다. 주인은 다스리기를 멈추었고, 노예는 복종하지 않았습니다. 주인은 자신의 식탁에서 종들을 섬겼고, 모든 질서가 중단되는 것과 보편적인 놀이를 즐겼습니다. 이 축제의 의식은 12월 19일에 사투르누스 신전에서 많은 양초를 밝히고, 그들의 신전과 그들의 모든 거처에 월계수 가지와 다양한 종류의 상록수를 걸어 놓으면서 시작되었습니다. 기독교 교회는 이 축제가 끼치는 부정적인 도덕적 영향력을 보고, 교회의 구성원들이 지나치게 자주 그와 같은 방종에 참여하는 것을 인식하고, 가능하다면 그 축제가 폐지되기를 바라면서, 그것을 대체할 목적으로 거의 같은 시기에 교회의 주인 되시는 분의 탄생을 기념하는 축제를 지정했습니다. 이 때 교회의 의도는 사투르날리아에서 유행했던 이러한 습관들 중에서 기독교의 순수성과 어떤 식으로든 조화를 이룰 수 있는 것들을 최대한 많이 유지하는 것이었습니다. 그래서 그들은 새로운 축제를 휴식과 즐거움의 시간이요, 즐겁게 서로 방문하고, 서로에게 선물을 주는 계절로 만들었습니다. 그들은 예배장소에 촛불을 밝히고, 많은 상록수 가지로 그곳을 장식했습니다. 이렇게 로마교회는 자신의 가장 두드러진 의식들 가운데 일부를 이교도들에게서 빌려 왔고, 또 개신교인들은 이러한 기원에 속한 일부 의식을 채택하여 지속했던 것입니다.

6. 따라서 언급된 금식과 축제들에 대한 하나님의 보증이 없고, 신약성경 경륜 하에서 그것들을 적용하는 것이 단지 인간의 발명품에 불과한 것이 분명하므로, 우리는 그러한 의식을 지키는 일에 우호적인 사람들에게 그런 것들을 채택하고 기독교 교회에서 사용하는 데 있어서 어떤 한계가 설정되어야 하는지 물어볼 수 있습니다. 만약 앞서 언급했던 의식들을 위해서 이와 같은 5개의 절기를 도입하는 것이 합법적이라면, 왜 10개, 20개, 혹은 100개의 성일을 도입하는 것은 안 될까요? 초기의 진지한 사람들은 소수의 성일을 지키기 시작했는데, 그들은 그렇게 함으로써 하나님을 섬길뿐만 아니라 신앙의 통치가 확장된다고 생각했습니다. 그러나 미신이 증가함에 따라 성일이 하나씩 추가되어, 달력은 매년 200-300개의 금식과 축제 또는 성인의 날로 가득차게 되었습니다. 이는 세속 산업의 요구를 실질적으로 방해하고, 하나님의 예배를 미신적 의식의 덩어리로 짓누르게 되어, 사람들의 현세적이고 영원한 이익 모두에 해로웠습니다. 일단 앞서 하나님께서 어디에서도

명령하지 않으신 종교적으로 준수해야 하는 날들이 기독교 의식에 적절히 도입될 수 있다는 원칙이 인정되면, 추론에 의해, 모든 사람은 자신의 선한 동기를 가지고 자유롭게 새로운 종교 축제를 도입할 수 있게 됩니다. 로마교회를 특징짓고 또 부패하게 하는 거대한 미신 덩어리는 바로 이 원칙 위에 세워졌습니다.

7. 명령받지 않은 거룩한 날들을 준수하는 것은 주의 날을 합당하게 거룩히 지키는 것을 방해하는 것으로 항상 드러납니다. 하나님의 규정에 더하는 것은 미신입니다. 그리고 미신은 항상 진정한 순종에 해로운 것으로 밝혀졌습니다. 옛날 유대인들처럼, 미신의 추종자들은 언제나 하나님이 계시하신 의무의 법전보다 자신들의 고안물, 전통적인 꿈을 더 고집하는 것으로 드러났습니다. 이에 따라, 아마도 가장 보편적이고 또 의심할 여지없는 사실은, 정해진 금식일과 축제일을 열심히 지키는 이들이 하나님께서 자신들을 위해 특별히 구별하신 바로 그 날, 곧 실천적 종교의 모든 핵심적 이익이 그 날의 거룩한 준수에 달려 있는 바로 그 날을 지키는 데 있어서는 느슨하다는 특징이 있다는 것입니다. 옛 이스라엘 사람들 사이에서도 그러했습니다. 5세기 초에 이미 어거스틴은 명령받지 않은 의

식들을 미신적으로 준수하는 것이 그의 시대에 많은 이를 신성하게 정해진 의식들에 대한 무례하고 소홀한 정신으로 빠지게 했다고 한탄합니다. 오늘날 로마가톨릭교도들 사이에서도 그렇다는 것이 잘 알려져 있습니다. 그리고 명령받지 않은 거룩한 날들을 지키는 데 대한 열성이 만연한 모든 종교 공동체에서도 그렇다고 말할 수 있을 것입니다. 물론 그런 공동체의 많은 이가 교회사에서 특정 인물과 사건에 바쳐진 거룩한 날을 준수하는 것이 경건의 정신을 높이는 분명하고 강력한 경향이 있다고 말합니다. 그러나 만일 그렇다면, 우리는 로마가톨릭 교회에서 다른 어느 교회보다 훨씬 더 많은 성경적 경건을 발견할 수 있으리라 기대할 수 있을 것입니다. 그 교단에는 어떤 개신교회 제도보다도 거룩한 날이 10배나 더 많기 때문입니다. 그러나 과연 그런가요? 볼 눈과 들을 귀 있는 분들이 판단하시기 바랍니다.

만약 앞서 언급한 주장들이 어느 정도 타당하다면, 이러한 종류의 어떤 절기 준수에 대해서도 하나님의 말씀에 근거가 없다면, 아니 오히려 성경이 그것들을 적극적으로 만류한다면, 그리고 그것들의 도입과 증가의 역사가 불경한 기원을 나타낸다면, 뿐만 아니라 일단 우리가 그러한 인간의 고안물에 대해서 문을 열면 아무도 그것이 어떻게 또는 언제 닫힐 수 있는지 말할 수 없다면, 그리고 하나님께서 정하시지 않은 날들의 준수가 하나님께서 정하신 그 거룩한 날을 거룩하게 지키는 것에 항상 적대적인 영향을 미치는 것으로 밝혀졌다면, 분명히 우리는 우리의 교회제도에서 그것들을 제거하는 것이 현명하다는 사실은 굳이 더 설명할 필요도 없을 것입니다.

III. 우리는 세례식에서 대부와 대모를 거부합니다

장로교회가 세례식에서 후원자에 관하여 로마가톨릭교회와 성공회와 다르다는 것은 잘 알려져 있습니다. 우리는 두 가지 면에서 다릅니다. 첫째, 부모가 살아 있고 이 역할을 담당할 자격이 있을 때, 아이들의 세례식에서 다른 후견인의 출현을 요구하거나 권장하지 않습니다. 둘째, 성인 세례의 경우에는 어떤 후견인도 요구하거나 허용하지 않습니다. 우리는 다음과 같은 이유로 이 원칙과 관습을 채택합니다.

1. 신약성경에는 사도들이 있던 교회에서 부모 이외의 다른 후견인이 세례식에서 아이들을 대신하여 대답했다는 증거

가 전혀 없습니다. 이 관행을 가장 열렬히 지지하는 사람들도 이를 뒷받침하기 위해 성경 구절을 인용하려는 시도조차 하지 않습니다. 빌립보의 간수가 세례를 받았을 때, "그와 그의 모든 가족이 즉시" 세례를 받았고(행 16:33), 루디아와 "그녀의 집안"이 세례를 받았을 때(행 16:15), 우리는 이 가족들의 가장들 외에 다른 후견인에 대한 어떤 내용도 읽지 못했습니다. 이 가장들의 믿음이 그들의 가족들을 데리고 와서 믿음의 적절한 인침을 받게 한 것입니다.

2. 우리는 그리스도 이후 처음 500년 동안은 부모 이외의 다른 후견인이 있었다는 흔적을 전혀 찾을 수 없습니다. 4세기 말과 5세기 초에 활동했던 어거스틴 시대에 어떤 사람들은 어떤 경우에도 자신의 친부모 이외의 다른 사람이 아이들을 세례식에 데려오는 것은 합법적이지 않다고 주장했던 적이 있는데, 이 때 이 학식 있고 경건한 교부는 그들에게 반대하면서 다음과 같이 자신의 의견을 표현했습니다, 특별한 경우, 예를 들어 부모가 사망했을 때나 부모가 신앙을 고백하는 기독교인이 아닐 때, 혹은 부모들이 잔인하게 자신의 자녀를 버리고 내쳤을 때, 아니면 기독교인 주인에게 맡겨진 어린 노예의 경우(이 경건한 교부는 이 외의 다른 경우는 언급하지 않는다)라면, 그리고

신앙을 고백하는 그리스도인으로서 기꺼이 그 아이들을 책임을 질 의향을 가지고 있다면 누구나 그런 아이들을 세례식에 데려와 세례를 받도록 할 수 있으며, 그 아이들의 기독교 교육에 대해 책임을 질 수 있다고 주장했습니다. 모든 지적이고 일관된 생각을 가진 장로교인들은 이 원칙과 관행에 대해서 동의합니다. 연구에 대단히 열심이며 박학다식하기로 유명한 성공회 신학자 빙엄[Bingham]은 그의 『교회의 유산(*Ecclesiastical Antiquities*)』에서 후견인의 초기 기원을 뒷받침하는 모든 증거를 수집하기 위해 지칠 줄 모르는 노력을 기울였던 것 같습니다. 하지만 그는 자신의 주장을 뒷받침할 만한 그럴듯한 증거를 제시하는 데 완전히 실패했고, 결국 초기에는 모든 일반적인 경우에 부모가 자신의 자녀를 대표하고 보증했으며, 앞서 언급한 것과 같이 부모가 자녀를 데려올 수 없는 특별한 경우에만 다른 사람이 아이들을 데려왔다는 것을 솔직히 시인했습니다. 로마교회가 부모에게 자신의 자녀들을 위한 후견인이 되는 것을 금지하고 이 역할을 다른 사람의 손에 넘기도록 요구한 것은 9세기에 있었던 멘츠 공의회[Council of Mentz] 이후였습니다.

3. 이 관습의 이어지는 역사는 미신이 점점 퍼져나가는 모

습을 보여줍니다. 5세기의 키릴^{Cyril}과 6세기의 풀겐티우스^{Fulgentius}는 성인 세례의 일부 특이한 경우에 등장하는 후견인에 대해 언급합니다. 세례를 받으려는 성인이 질병으로 인해 말을 못하거나 정신 이상 상태에 있어서 당연히 스스로 말할 수 없거나 일반적인 신앙고백을 할 수 없을 때, 바로 이러한 경우에는 그 사람의 어떤 한 친구나 아니면 친구들이 그를 대신하여 대답하고 그의 훌륭한 성품과 그에게 충분한 지식이 있으며 이전에 세례를 받기를 원했다는 사실에 대해 증언하는 것이 관례였습니다. 이에 대해서는 의심할 여지없이 적어도 어떤 이유의 명분은 있었습니다. 그리고 아마도 지금 상상할 수 있는 어떤 상황에서라면 부적절함 없이 같은 일을 할 수도 있을 것입니다. 그러나 이런 사실로 말미암아 모든 성인 세례의 경우에 후견인을 사용하는 것으로 전환되었습니다. 그러나 후자는 전자와는 다른 원칙에 따라 이루어진 것입니다. 성인이 말과 이성을 사용할 수 있고 스스로 대답할 수 있을 때, 그러한 성인을 위해 마련된 후견인은 결코 그들을 대신하여 대답하거나 고백하지 않았습니다. 이것은 언제나 성인 세례 후보자 자신에 의해 이루어졌습니다. 후견인들의 유일한 임무는 당시에 행해졌던 바와 같이 세례 받은 사람들의 영적 생활에 대하여 일종의 감독자나 보호자가 되는 것이었습니다. 이 후견인의 역할은 일반적으로 성인 남성이 세례를 받을 때는 각 교회의 집사들에 의해, 여성들이 이 의식을 받기 위해 나설 때는 여집사들에 의해 수행되었습니다. 그 결과 로마가톨릭교회와 일부 개신교 교단에서 결국에는 모든 성인 세례의 경우에 대부와 대모를 두는 관습으로 정착되었습니다.

4. 중세 시대의 경건한 발도파와 알비파 사이에서는 부모 이외의 다른 후원자는 일반적으로 어떤 역할도 담당하지 않았습니다. 그러나 부모가 사망했거나, 부재중이거나, 어떤 이유로든 자신의 역할을 할 수 없을 때는, 그 역할을 맡을 만큼 자비로운 다른 신앙인들이 그들의 자리에 나타나 그들을 대신하여 대답하고 행동하는 것이 허용되었습니다.

5. 그렇다면, 세례식에서 부모와 구별되는 대부와 대모의 사용에 대해서 하나님의 말씀이 지지하지 않는다면, 그리고 그것이 그리스도 이후 처음 500년 동안 교회에서 알려지지 않았으며, 뿐만 아니라 그 관습이 미신에서 비롯되었고 그 발전 과정에서 다른 미신과 연결되었다면, 당연히 우리에게는 이 관습을 거부할 수 있는 충분한 이유가 있습니다.

이 엄숙한 일에서 이와 같은 세례 방식이 부모를 제쳐놓고,

다른 사람들에게 그들의 자리를 대신하도록 요구하며, 대부분의 경우 부모만이 할 자격이 있는 약속을 그들에게 하도록 요구할 때, 그리고 이 방식에 따라 매일 수천 명이 이행할 생각도 하지 않는 약속을 하고, 대부분의 경우 이행할 수 있는 능력이 명백히 없으며, 실제로 이행할 특별한 의무조차 느끼지 않는 것처럼 보일 때, 우리는 그것을 인간의 고안물로 간주할 수밖에 없으며, 근거가 전혀 없을뿐만 아니라 선보다는 악을 낳기에 적합한 것으로 여길 수밖에 없습니다. 잉글랜드 국교회의 한 법규에 따르면, "부모는 자녀가 세례를 받을 때 참석하도록 강요받아서는 안 되며, 자신의 자녀를 위해 후견인으로 설 수 있도록 허락되어서도 안 된다." 즉, 하나님과 본성이 자녀의 교육을 맡긴 부모, 그리고 자녀가 자라날 부모의 가정, 부모의 눈과 직접적인 보살핌 아래 자녀의 원칙과 태도, 성격이 형성되어야 하는, 바로 그 부모는 심지어 자녀를 하나님께 봉헌하는 데에 참여하는 것조차 허용되지 않으며, 심지어 엄숙한 의식에 동석하는 것조차 권장되지 않습니다. 다만 이 나라(미국)의 개신교 성공회에서는 "원하는 경우 부모가 후견인으로 인정된다"라고 말하기는 합니다.

그러나 현실은 두 나라 모두에서 유아뿐만 아니라 모든 성인을 위해서도 후견인은 필요합니다.

IV. 세례식에서의 십자가 표시를 거부합니다

이것은 개신교 성공회가 로마가톨릭주의자들로부터 채택하였으나, 장로교에서는 항상 거부해 온 것으로서 세례식에 추가된 것 중 하나입니다. 엘리자베스 여왕 통치 초기에 잉글랜드 국교회의 종교개혁이 결정적으로 확립될 무렵, 가장 경건하고 학식 있는 국교회 신학자들 가운데 많은 이가 세례식에서의 십자가 표시뿐만 아니라 금식과 축제일을 정하는 문제, 세례식에서의 대부와 대모, 성만찬에서의 무릎 꿇기, 그리고 예수의 이름에 대하여 절하기 등을 폐지할 것을 엄숙하게 청원했습니다. 이에 해당하는 그들의 청원서가 낭독되고 그들의 주장이 국교회의 하원the lower house of Convocation에서 청취되었을 때, 투표가 이루어졌고 출석자 과반수가 이를 통과시켰습니다. 43명의 위원들이 청원자들의 기도를 허락하는 것, 즉 문제가 된 의식들을 폐지하는 것에 찬성했고 35명이 반대했습니다. 그러나 참석하지 않은 사람들에 대한 대리투표가 요구되고 그 후 집계되었을 때는 상황이 역전되었습니다. 폐지에 찬성하는 사람들이 58명, 반대하는 사람들이 59명이었습니다. 그래서 하원의 엄숙한 투표에 의해, 로마가톨릭에서 비롯된 미신으로 여겨지고 이에 따라 문제가 제기된 여러 의식과 십자가 표시가 단 1표 차이로 교회에 유지되었던 것입니다. 당시 이 존경받는 성공회 신학자들이 세례식에서의 십자가 표시에 반대하며 제기했던 이의 사항들에 대해서 장로교인들은 항상 동의해 왔습니다. 이 이의 사항들은 다음과 같습니다.

1. 세례식에 이런 종류의 추가 사항에 대해서는 성경에서 아무런 근거도 찾을 수 없습니다. 이에 대한 가장 열렬한 지지자들조차도 이들에 대한 근거가 있는 척 하지 않았습니다. 모두가 그것이 인간의 발명임을 인정합니다.

2. 그것이 처음 언급된 초기 작가들의 기록에서, 그것은 모든 지적인 그리스도인의 시각에서 볼 때는 도저히 신뢰를 얻을 수 없는 너무나 많은 미신과 연관되어 나타납니다. 우리가 2세기와 3세기에 십자가 표시가 세례식에 추가되었다는 정보를 얻었던 바로 그 동일한 출처로부터, 같은 의식에 대해 다른 많은 인간의 고안물이 추가되었다는 사실을 알게 됩니다. 예를 들어, 악령을 쫓아내기 위해 세례 후보자를 '축사'하는 것,

새로운 삶을 얻은 어린 시절이라는 것에 대한 상징으로 우유
와 꿀의 혼합물을 그의 입에 넣는 것, 침과 기름으로 '기름 부
음'을 하는 것, 그리고 성령을 부여하기 위해 안수하는 것 등
이 이와 같은 것들입니다. 개신교인들은 이런 것들을 모두 다
근거 없이 그리스도의 단순한 규정에 더하여진 사항으로 간주
합니다. 그런데 십자가 표시의 사용에 대해서 이런 것들보다
어떤 점에서 더 나은 근거가 있다는 말입니까?

3. 우리가 종교적 의식으로서 십자가 표시에 대한 언급을
발견할 수 있는 가장 이른 시기의 작가들 중 한 사람인 터툴리
안Tertullian은 자신의 시대에, 그 이른 시대임에도, 그것이 거의
믿을 수 없을 정도의 미신과 함께 사용되었다고 설명하며, 이
는 이후 모든 시대에 대한 영구적인 경고로 작용해야 한다고
합니다.

> "우리가 들어올 때와 나갈 때, 옷이나 신발을 신을 때, 목욕할 때, 먹
> 을 때, 촛불을 켤 때, 잠자리에 들 때, 또는 앉을 때마다, 우리는 이마
> 에 십자가 표시를 합니다. 이러한 것들과 같은 종류의 다른 훈련의 모
> 습을 지지하는 성경구절을 요구한다면, 여러분은 아무것도 찾을 수
> 없을 것입니다. 대신 전통이 그런 것들을 고안했다고 주장하는 모습

을 보게 될 것입니다."[25]

　　미신에 현혹된 신봉자들은 십자가 표시가 모든 종류의 악
의, 독, 또는 유혹으로부터의 자신들을 보호하는 확실한 수단
이며, 악령을 쫓아내는 데 효과적이라고 생각했습니다. 4세기
의 주요 교부들은 이 십자가 표시가 항상 기적을 일으키는 수
단이라는 사실에 대해서 의심의 여지가 없다고 확신했습니다.
크리소스톰은 "이 표시는 우리 선조들의 시대와 우리들의 시
대에 닫혀진 문을 열었고, 독성 약물의 효과를 파괴했으며, 독
미나리의 힘을 무력화시켰고, 유독한 짐승들에게 물린 것을
치유했다"라고 말합니다.[26] 로마가톨릭 교인들이 십자가 표시
를 사용할 때 끊임없이 나타나는 비참한 미신을 고려한다면,
그들은 이 표시를 하는 행위를 세례의식을 유효하게 만드는데
필수적인 것으로 여겼고, 또 그것을 경배할뿐만 아니라 종교
생활의 모든 단계와 행위에 그것을 적용하였고, 그들 중 많은
이가 십자가 모양이 없는 성경에 대한 맹세는 구속력이 없다
고 생각하였으며, 모든 축복과 연결된 일종의 부적으로 여기

25　*De Corona*. cap. iii.
26　Tom. vii. p. 552. A. 4.

며 그것에 의지했다고 생각합니다. 분명한 사실은, 우리가 이 모멸적인 미신의 체계가 지금 말하는 십자가 표시와 연결되어 있다는 사실을 안다면, 모두가 인정하는 단순한 인간의 고안품에 불과한 이 표시를 치워버려야 한다고 느끼는 것은 당연하다는 것입니다.

V. 우리는 견신례를 거부합니다

사도적 교회에는 견신례라는 이름을 가진 의식이 없었습니다. 이 의식은 오랫동안 로마가톨릭교회에서 성사(聖事)로 확립되고 일부 개신교 교회에서는 명령은 아니지만 의미 있고 교화적인 엄숙한 의식으로 채택되었습니다. 이 주제에 대한 장로교인들의 견해를 제시하면서, 문제의 이 의식을 사용하는 것이 적절하다고 생각하는 사람들을 비난하려는 의도는 전혀 없습니다. 그저 우리 교회의 존경받는 조상들이 이 의식을 진정한 의미에서 초기에 있었던 사도적인 의식에서 제외하는 것이 적절하다고 생각한 이유들 중 일부와 그들의 후예들이 현재까지 그 생각을 고수하고 있는 이유를 간단히 설명하려는 것입니다.

1. 우리는 하나님의 말씀에서 이 의식에 대한 근거를 찾을 수 없습니다. 실제로 이 의식을 옹호하는 사람들 중 가장 지적이고 열정적인 이들조차 성경으로부터 어떤 증언을 제시하려고 하지 않습니다.

2. 성령의 영감이 없었던 시대 가운데 가장 순수하고 좋았던 시기의 고대 문헌에서도 이 의식에 대하여 지지하는 내용을 찾기는 어렵습니다. 2세기 말과 3세기 초에 교회에 스며들었던 세례식에 대한 몇 가지 인간의 추가 사항들(축사, 기름 부음 등) 중 성령의 은사를 부여하기 위해 안수하는 것이 관습이 되었습니다. 그러나 이 안수는 항상 물을 뿌린 직후에 행해졌고, 세례를 베푼 동일한 목회자가 행하였습니다. 물론 세례를 베풀 권한이 있는 모든 사람은 세례 받은 사람에게 안수할 권한도 있었습니다. 이것이 단순한 인간의 고안물이었기에, 인간의 고안품이 취하기 쉬운 방향으로 변형되었습니다. 다시 말하면, 성직자들의 교만과 이기심에 의해서 변형되었던 것입니다. 성직 서열이 생겨났을 때, 이 엄숙한 안수를 주교들만이 할 수 있는 공식적인 특권의 일부로 남겨두는 것이 관례가 되었습니다. 세례 후 가능한 한 빨리, 유아는 성령의 은사를 부여받기 위해 주교에게로 데려가져야 했습니다. 그러나 4세기

의 제롬은 이것이 하나님의 명령에 순종하기 위해서라기보다는 그들의 직분을 존중하기 위해 행해졌다고 증언했습니다. 그러나 시간이 지남에 따라 이 의식에 또 다른 변형이 일어났습니다. 주교의 안수는 세례 직후나 세례 받은 사람의 유아기에 시행되지 않고 상황에 따라 수년 동안 연기되었으며, 때로는 성인이 될 때까지 연기되는 경우도 있었습니다. 그러면 청년이나 성인은 주교에게 그의 특별한 축복을 받기 위해 가게 되었는데, 이는 매우 형식적인 것이었습니다. 이것이 이 의식의 원래 성격이 아니었다는 많은 증거 중 하나는 현재 그리스 정교회 전체에서 안수가 대부분 세례와 밀접한 관련 속에서 시행되고 있으며, 그리스 정교회가 라틴 교회와 분리되기 전인 3, 4세기에 행해졌던 것처럼, 세례를 베풀 권한이 있는 모든 사제에 의해 집전된다는 것입니다. 마찬가지로 루터교회와 기타 독일 교회에서도 일종의 견신례를 유지하고 있지만, 교회의 체계에 따른 감독자나 상급자가 있음에도 불구하고 안수의 행위는 그들에게 한정되지 않고 각 목사가 자신의 교구 아이들을 위해 수행합니다.

3. 견신례는 성경적 근거가 전혀 없을뿐만 아니라 불필요합니다. 그것이 불필요한 이유는 안수에 의해 성령의 특별한 은

사가 교회에 계속 주어질 것이라는 미신적 믿음에 기초한 인간의 고안물이었음이 명백하기 때문입니다. 적어도 이 견신례는 이것을 거부하는 장로교회에서 동일하게 잘 제공되는 실제적인 목적에는 부합하지 않습니다. 유아세례를 받은 젊은이들이 자신의 종교적 의무를 인식하고 그 세례 시에 그들을 대신하여 행해진 고백과 서약을 스스로 하도록 요구받을 수 있는 어떤 행사나 엄숙한 의식이 있어야 한다고 말합니다. 그렇습니다. 그러한 엄숙한 의식은 그 자체로 합리적이고 덕을 세우는 경향이 있다는 것에는 의심의 여지가 없습니다. 그러나 우리에게는 하나님께서 제정하신 성찬식이라는 규례가 있습니다. 곧 자격을 갖춘 모든 사람이 참석할 수 있고 참석해야 하는 규례, 성경적 또는 합리적인 의미에서 세례의 의무를 짊어질 자격이 있는 모든 사람이 참석할 수 있는 규례가 있지 않습니까? 사실 이 성찬식은 특별히 진리와 그리스도의 섬김과 소망을 개인적으로 인정하고 고백하는 목적을 위해, 다른 것들 중에서도 이러한 매우 구체적인 목적을 위해 의도된 규례입니다. 우리는 우리의 모든 자녀가 사람들 앞에서 그리스도를 고백할 준비가 되는 대로 올 수 있는, 문제의 목적을 위해 필요한 바로 그러한 엄숙한 의식을 성찬식을 통해서 이미 시행하고 있지 않습니까? 단순하고 합리적이며 성경적이고, 다음에 언급될 반대할 만한 특징들로부터 자유로운 엄숙한 의식 말입니다.

4. 마지막으로, 우리는 언급된 모든 이유 외에도, 잉글랜드 국교회에서 그 집전을 위해 규정된 의식서를 우리나라의 성공회 교회에서 실질적으로 채택한 것에 대해 가장 심각하게 반대하기 때문에 우리의 교회에서는 견신례를 거부합니다. 우리는 구세주께서 결코 정하지 않으신 의식을 어떤 형태로든 시행해야 할 의무가 있다고 생각하지 않습니다. 그러나 이 의식을 채택한 사람들이 이 의식을 진행하면서 사용하는 용어로 인해 우리는 이 의식에 대해 더 큰 거부감을 가집니다. 미국 성공회에서 규정하고 사용하는 "견신례"에는 다음과 같은 말이 등장합니다. 안수를 하기 전에, 집전 주교는 기도하면서 다음과 같은 문장을 반복합니다. "전능하시고 영원히 살아 계신 하나님, 당신께서는 물과 성령으로 이 종들을 거듭나게 하시고 그들의 모든 죄를 용서해 주셨나이다" 등등. 그리고 안수 후 다른 기도에서 그는 마음을 살피시는 분께 이렇게 말합니다. "우리는 당신의 거룩한 사도들의 모범을 따라 지금 안수한 이 종들을 위해 당신께 겸손히 간구하오니, 이 표징으로 그들에 대한 당신의 호의와 은혜로운 선하심을 그들에게 확증해

주시옵소서…" 또한 안수 행위에서, 그의 앞에 무릎 꿇고 있는 모든 사람에게는 이미 그리스도께 속한 영, 곧 거룩하게 하고 성화시키는 성령이 계시다고 가정하면서, 그는 그들이 "이 성령 안에서 날마다 더욱 자라가게 해달라"고 기도합니다.

이것은 두려운 마음을 가지는 것이 마땅한 많은 남녀 젊은 이들, 그들 중 상당수는 성경적 의미에서 "성령으로 태어난" 것과는 거리가 멀고, 심지어 일부는 너무나 진지함이 부족해서 각성된 경건한 목사라면 그들이 성찬식 상에 있는 것을 보고 괴로워하는 것이 당연하다고 생각되는 많은 젊은이들에게 주교가 하는 말입니다. 그럼에도 불구하고 주교는 그들 모두에게, 그리고 그는 자신이 말한 선언의 진실성을 위해 하늘을 향해 호소합니다. 그는 그들 모두가 물로, 뿐만 아니라 성령으로도 거듭났다고 선언합니다. 그는 하나님의 이름으로 그들이 하나님의 '호의'의 대상이라는 것을 그들에게 확증해 줍니다. 그리고 이미 은혜와 하나님과의 화해 상태에 있는 그들이 "은혜 안에서 성장"하고 "성령 안에서 더욱 자라가도록" 부름 받았다고 선언합니다. 각성된 장로교 목사가 이와 같은 사람들에게 그렇게 말한 것을 인식한다면, 그는 자신이 참된 종교의 본질에 대한 근본적인 오해를 조장하고, 성령에 의한 중생의 교리를 왜곡하며, 자신의 말을 들은 사람들의 영혼을 치명적으로 속이는 데 어울리는 표현을 사용했다고 생각할 것입니다. 이와 같은 입장에서 생각해 보면, 만약 우리가 그런 의식을 채택하고 이와 같은 예를 따라 그 의식을 시행했다고 한다면, 우리는 분명히 심각한 범죄행위를 한 것입니다.

VI. 우리는 성찬식에서 무릎 꿇는 것을 거부한다

이것은 로마가톨릭 의식의 또 다른 부분으로, 종교개혁 시기에 잉글랜드 국교회의 가장 경건하고 학식 있는 신학자들의 상당수가 폐지되기를 간절히 원했던 것입니다. 그러나 여왕과 궁정 성직자들은 그들의 의견을 무시하였고, 그것을 보존하기로 선택했습니다. 그리고 이러한 행위는 그 이후로 줄곧 영국 성공회에서 자리를 유지해 왔습니다. 장로교인들이 이 점에서 성공회 이웃들과 다르다는 것은 잘 알려져 있습니다. 그들은 일반적으로 이 자세를 '식탁 자세the table posture'라고 부르는 것을 선호하는 데, 그 이유는 다음과 같습니다.

1. 모든 사람이 인정하는 바와 같이, 구주께서 친히 성찬식을 처음 시행하셨을 때의 자세는 일반적인 식사를 할 때의 자

세였습니다. 이것을 부인하거나 의심하는 사람은 아무도 없는 것으로 알고 있습니다. 복음서 기자들은 이 사실을 명시적으로 언급하고 있으므로 의심의 여지가 없습니다. 마태복음 기자는 이렇게 말한다. "저물 때에 예수께서 열두 제자와 함께 앉으셨더니... 예수께서 떡을 가지사 축복하시고 떼어 제자들에게 주시며" 그러나 만약 구주 자신이 이 자세를 자신의 뜻에 가장 부합하는 것으로 선택하셨다면, 우리는 그것이 전반적으로 가장 현명하고 최선의 자세라고 결론 내릴 수 있지 않겠습니까?

2. 성찬상에서 무릎 꿇는 것은 사도시대 이후 수 세기 동안 기독교 교회에 알려지지 않았다는 것은 매우 확실합니다. 실제로 2세기, 3세기, 그리고 그 이후 수 세기 동안, 무릎 꿇는 것은 주일에조차 불법으로 여겼습니다. 이 자세는 금식과 겸손의 날을 위해 남겨졌습니다. 이를 주장한 사람은 터툴리안이었습니다. 그리고 니케아 공의회는 주일은 우리 주님의 부활을 기쁘게 기념하는 날이기 때문이라면서 같은 입장을 담은 엄숙한 칙령을 통과시켰습니다. 그러므로 주일 공중 기도와 성찬식 참여의 자세는 변함없이 서 있는 자세였습니다. 이에 대한 증거는 의심의 여지를 배제할 정도로 완전합니다. 우

리의 기억에 따르면, 무릎 꿇기를 가장 열렬하게 지지한 사람들조차도 13세기 이전의 교회 역사 전체에서 성찬에서 무릎을 꿇은 어떤 예를 발견할 수 있다고 주장하지는 않았습니다. 즉, 교황권이 그 타락한 체계의 정점에 도달하기 전까지는 무릎을 꿇지 않았다는 말입니다. 따라서 화체설이 발생하기 전에 라틴교회와 분리된 그리스 교회에서는 성찬식에서 무릎을 꿇지 않습니다. 요컨대, 성찬상에서의 무릎 꿇기는 화체설이 생겨날 때까지 도입되지 않았으므로 개신교도들은 화체설과 이 관습도 폐기했어야 했습니다. 사람들이 성찬의 요소들이 실제로 구속주의 몸과 피로 변화된다고 믿기 시작했을 때, 무릎을 꿇기 시작했고 이는 그것들을 경배하는 것에 대한 어느 정도의 변명거리가 되었습니다. 그러나 이 화체설이라는 오류를 폐기하며, 그것에서 파생된 것들도 함께 버렸어야 했습니다.

3. 성찬의 본질적 특성을 고려하면 무릎을 꿇고 참석하는 것은 부자연스럽고 부적절합니다. 이 의식은 잔치, 곧 사랑과 기쁨과 감사의 잔치입니다. 성찬이라는 이름 자체가 그것을 암시합니다. 성찬은 각 참여자와 잔치의 주인 사이와 그의 몸의 모든 지체 사이의 사랑과 신뢰와 애정 어린 교제의 표시가 되어야 합니다. 또한 성찬은 이 의식에서 우리를 위해 십자가

에 못 박히신 것으로 제시된 구속주의 몸과 피를 믿음으로, 그리고 영적인 의미에서, 먹을 때 드러나는 영적인 공급의 상징이자 수단이 되도록 의도되었습니다. 이런 질문이 자주 제기되어 왔습니다. "연회에서 무릎 꿇는 것을 적절하다고 여기는 나라가 어디있는가?" 사람들은 어디서 무릎을 꿇고 먹고 마십니까? 진실로 우리가 하나님께 나아갈 때마다, 특히 우리를 위해 죽으신 구주의 은혜와 사랑의 경이로움을 기념할 때에는 겸손과 회개가 우리에게 합당합니다. 하지만 이 의식이 본질적으로 신뢰와 교제, 그리고 기쁨과 감사의 잔치인 만큼, 그것에 참여하는 데 가장 적합한 행위와 자세는 기쁨과 감사, 애정 어린 교제를 나타내는 자세입니다. 오직 미신적인 선례에 찬성하는 신기한 편견을 가진 사람만이 무릎 꿇는 것이 그러한 행위를 가장 적절하게 표현한다고 스스로를 설득할 수 있을 것입니다.

4. 마지막으로, 성찬 상에서 무릎 꿇는 관행의 오용과 오해는 이 관행을 거부하는 사람들의 마음속에서 작지 않은 비중을 차지하는 고려 사항들입니다. 중대한 오류에서 비롯된 것이므로, 이것은 오류와 미신을 조장하기에 최적화되어 있습니다. 그리고 지적인 그리스도인들의 이해와는 상관없이, 많은

무지한 사람들은 이에 대해서 오해해왔고, 이것이 사용되는 한 그 오해는 지속될 것입니다. 따라서 앞서 언급한 바와 같이, 엘리자베스 여왕 통치 시기에 잉글랜드의 예전이 개정되고 최종 확정될 무렵, 일부 가장 경건하고 학식 있는 신학자들은 성찬식에서의 무릎 꿇기를 완전히 폐지하거나, 적어도 선택 사항으로 남겨둘 것을 간청했습니다. 하지만 이 주제에 대해 보고하도록 임명된 신학자들이 이것을 선택 사항으로 남겨두는 보고서를 가져왔을 때, 여왕은 펜으로 그 내용을 나타내는 부분 위에 줄을 그었고, 그 관행을 구속력 있는 것으로 만들었습니다. 결국 이 관행의 폐지를 지지하는 사람들이 얻을 수 있었던 것은 이러한 자세로 성찬에 참여한다고 해서 성찬 요소들을 경배하려는 의도를 가진 것은 아니었음을 선언하는 난외주rubric 또는 여백 광고가 전부였습니다. 문제의 관행을 이렇게 완고하게 고수하려는 모습에 외국의 개신교도들은 크게 슬퍼했고, 학자인 베자는 이 문제에 대해 경건하지만 단호한 어조로 캔터베리 대주교 그린달에게 항의편지를 썼습니다.

베자: 만약 당신이 화체설 교리와 성체 숭배 관행을 거부했다면, 왜 천주교의 상징에 동의하고, 또 성찬식에서 무릎을 꿇음으로써 이 둘을 모두 고수하는 것처럼 보이도록 합니까? 화체설이 아니었다면 무

릎 꿇는 것은 결코 생각조차 되지 않았을 것입니다.

그린달: 성찬은 무릎을 꿇고 받아야 하지만, 부수적인 해설이 예배 책자에 수반되어 있고, 사람들에게 성찬 요소들에 대한 어떤 경배도 의도되지 않는다는 것을 알려줍니다.

베자: "아! 당신 말씀을 이해합니다."

그리고 이렇게 덧붙입니다.

베자: "자기 집을 수리한 어떤 훌륭한 귀족이 있었는데, 공사를 마치고 나서 대문 앞에 자기에게는 쓸모없어진 큰 돌을 남겨두었습니다. 이 돌은 어둠 속에서 많은 사람이 걸려 넘어지게 했습니다. 이에 대한 불평이 그 귀족에게 전해졌고, 많은 간청의 청원서가 제출되어 그 돌을 치워달라고 요청했지만, 그는 오랫동안 고집을 부렸습니다. 마침내 그는 그 위에 등불을 달라고 명령하는 것으로 양보했습니다. 한 사람이 말했습니다. '각하, 만약 각하께서 더 이상의 간청을 받지 않으시려면, 모든 사람을 만족시키기를 원하신다면, 돌과 등불을 모두 치우라고 명령하십시오.'"

Ⅶ. 우리는 성찬식을 개인적으로 시행하지 않습니다

성찬식 만큼 오해와 왜곡이 많았던 의식도 거의 없었습니다. 3세기가 지나기 전에 성찬식의 효력과 구원의 필요성에 대한 미신적인 견해가 채택되기 시작하고 이는 그에 상응하는 관행으로 이어졌습니다. 요한복음 6:53의 의미를 완전히 오해했던 당시의 많은 그리스도인은 이 의식에 참여하지 않고는 아무도 안전하게 죽을 수 없다고 생각했습니다. 이에 따라 성찬식은 그리스도의 제자임을 고백하는 모든 성인뿐만 아니라, 세례를 받은 지 얼마 되지 않은 유아들에게도 시행되었습니다. 아니, 이 미신의 광기는 너무나 지나친 수준에 이르러, 누군가가 이 성찬식에 참여하지 않고 갑자기 죽었을 때, 많은 경우 성별된 떡과 잔을 생명 없는 시신의 입에 밀어 넣었는데, 이는 죽은 자에게 구원의 유익을 베푸는 것이 아직 너무 늦지 않기를 바라는 마음에서 이루어졌던 것입니다. 이러한 결정은 곧 이 성찬식이 세례와 마찬가지로 그들이 표현한 대로 '작용하는 행위opus operatum'라는 내재적 효력을 가지고 있어서, 정규적으로 시행되는 모든 경우에 구원의 효력을 보장한다는 가톨릭 교리를 만들어냈거나 아니면 이를 강하게 암시했습니다. 여기에서 성별된 떡과 잔이 제시될 때 질병을 치유하고 다른 많은 놀라운 기적을 이루어낸다는 관념으로의 전환은 어려운 일이 아니었습니다. 따라서 3세기가 시작되기 전에 이 떡과 잔을 공중 집회에서 분배한 후에 그 자리에 부재했던 사람들에게 보내는 관습이 존재했는데, 일반적으로 집사들이 이를 전달했습니다. 그 후 얼마 지나지 않아 병자들, 임종자들, 그리고 어떤 이유로든 자신의 집에 갇힌 사람들에게 성직자들이나, 더 편리하다면 평신도들, 심지어 어린이들의 손을 통해 떡과 잔의 일부가 보내졌습니다. 어떤 사람들은 교회에서 떡과 잔을 받으면서 그 일부를 가져가서 30일이나 40일 동안 매일 조금씩 먹는 관습도 있었습니다. 더 나아가 일부는 장기간의 여행과 항해를 하면서 성찬sacrament의 일부(그들이 표현한 대로)를 가지고 다녔고, 위험한 경우에는 그것을 방어책으로 사용했으며, 상처와 궤양을 치유하는 반창고에 그것의 일부를 삽입했습니다. 이 모든 것은 이러한 성례전적 요소들이 가장 강력하고 유익한 종류의 내재적 능력을 가지고 있다는 인상을 가진 결과로 이루어졌습니다. 이런 견해들이 널리 퍼진 곳이라면 어디서든 사적인 성찬(이런 표현이 허용된다면)이 보편화되었다는 것은 놀랄 일이 아닙니다. 성찬은 사회적 의식으로서의 특성을 상당 부분 상실했고, 구속주의 찢기신 몸과 흘리신 피의 상징물들은 그것들이 나타나는 곳 어디에서나 일종의 마법적 영향력을 부여받은 것으로 여겨졌으며, 방어를 위한 부적으로 몸에 지니고 다녀야 했고, 가장 강력한 약으로 간주되었습니다.

화체설^{transubstantiation} 교리의 등장으로 이러한 견해와 습관 중 일부가 억제되었다는 것은 사실입니다. 떡과 잔이 축성 기도에 의해 그리스도의 실제 몸과 피로 변화되었다고 믿게 되자, 사람들은 그것들을 집에 가져가거나, 상자나 찬장에 보관하거나, 매일 조금씩 삼키는 것이 부적절하다고 생각했습니다. 그럼에도 불구하고 성별된 떡과 잔에 대한 가장 굴욕적인 미신들은 계속 만연했습니다.

우리 조상들의 땅에서 종교개혁이 일어났을 때, 다행히도 이러한 견해와 관습들, 특히 그중에서도 더 거친 것들은 교정되었습니다. 그럼에도 불구하고 성찬식과 일부 다른 의식에 있어서 잉글랜드 국교회의 종교개혁은 더 철저하지 못했고, 그 교회의 가장 존경받고 경건한 신학자들의 모든 항의와 간청에도 불구하고, 버리기를 바랐던 많은 것이 계속 사용되었다는 것은 유감스러운 일입니다. 그리고 사적인 성찬의 관습이 여기에 포함됩니다. 성찬식은 그 교회의 성직자들의 요청이 있을 때마다 거의 거리낌없이 매일 병자들과 임종자들에게 시행됩니다. 세속적이고 무관심하며 심지어 가장 방탕한 자들에게도, 그들이 죽을 때 원한다면 자유롭게 가져다줍니다. 실제로 어떤 사람들은 성직자가 공개적으로 요청받은 병자에게 이 의식을 거행하기를 거부한다면 그 나라에서 민사 소송의 대상이 될 수 있다고 생각했습니다. 물론 그런 거부는 매우 드물게 이루어집니다. 가장 방탕한 성격의 범죄자들이 처형 직전에 회개의 진실한 모습이 전혀 드러나지 않는 경우에도 원하기만 하면 이 성찬을 받습니다.[27]

장로교 목사들은 모든 일반적인 경우에 병자들과 임종자들에게, 그리고 일반적으로 사적인 집에서 성찬식을 거행하는 것을 거부합니다. 그 이유는 그들에게 결정적인 것으로 보이는데, 다음과 같습니다.

1. 그들은 이 의식을 그 본질상 사회적이고 교회적인 것으로 간주합니다. 이것은 하나의 교제이므로, 가톨릭에서는 인정되는 '고독한 미사Solitary Mass'라는 개념이 부조리해 보이도록

---

27 *Christian Observer*, vol. xiii, p. 6에 언급된 완고한 데스파드(Despard)와 벨링엄(Bellingham)의 경우를 보라.

합니다.

2. 우리는 신약성경에서 사적인 성찬에 대한 근거를 발견하지 못합니다. 사도시대의 그리스도인들이 "집에서 떡을 떼며"라는 말씀이 있는 것은 사실이지만, 이 말은 분명히 그들의 일상적인 예배 모임을 표현하는 방식입니다. 그들에게는 교회 건물이 없었습니다. 그들은 항상 개인 주택, '다락방' 등에서 예배드렸습니다. 물론 그곳에서 그들은 모일 수 있는 만큼 많은 사람에게 성찬을 베풀었습니다. 그리고 박해자들의 감시로 인해 똑같은 장소를 계속 또는 어쨌든 오랫동안 사용할 수 없었기 때문에, 상황이 허락하는 대로 예배를 위해 '집에서 집으로' 다녔습니다. 아니면 그리스도인들이 한 주택에 모이기에 너무 많았을 때는 여러 채의 집에서 동시에 모였습니다. 우리는 병상에 있는 개인에게 성찬 상징물을 가져간 사례를 성경에서 읽지 못합니다. 오히려 영감 받은 사도께서 병자들을 방문하고 기도하라고 '교회의 장로들'에게 지시하실 때(약 5:14), 그들에게 성찬을 베푸는 것에 대해서는 한 마디도 하지 않으셨습니다.

3. 만약 임종을 앞둔 사람들이 이 의식을 임종 시에 받는 성

찬^{viaticum}이나 죽음을 준비하는 것으로, 그리고 하나님의 호의와 받으심에 대한 일종의 보증으로 시행해 달라고 간절히 원한다면, 우리는 바로 그런 이유로 그들의 요청을 거절해야 한다고 믿습니다. 적어도 많은 경우에 그들의 소망에 부응하는 것은 구주 자신의 공로보다는 외적 표징의 힘에 의지하도록 그들을 격려하는 것입니다. 그런 견해들은 명백히 비성경적이고 거짓되며 영혼을 속이고 멸망시키는 데 적합하다는 점에서, 결코 용납되어서는 안 됩니다. 성찬 기념물을 원하는 모든 임종자의 침상으로 서둘러 가는 것보다 이런 견해들을 더 직접적으로 조장하고 심지어 조력할 수 있는 것은 무엇이겠습니까? 무관심하고 경건치 않은 사람들이 유죄한 양심의 최후 피난처로 이 의식에 매달리려는 경향을 종교 지도자들이 의도적으로 조장해야 합니까?

4. 이 관행이 한 번 시작되면 어디에서 끝나겠습니까? 모든 사람은 죽을 때가 되면 진지해집니다. 심지어 가장 경건하지 않고 방탕한 사람들조차도 그 위기의 순간에는 흔히 적지 않은 정도로 불안해하고 두려워하며, 가장 작은 희망이라도 호의적으로 보이는 모든 것을 붙잡으려 합니다. 그러나 오래 살면서 많은 것을 관찰한 현명한 사람이라면 누구나 죽음의 침

상에서 회개하는 사람들의 진실성에 대해 깊이 의심합니다. 이런 경우에 양심적인 목회자는 어떻게 해야 합니까? 이 의식의 적합한 대상이 되는 사람과 그렇지 않은 사람을 어떻게 구분해야 합니까? 병자와 임종자에게 이런 주제로 논쟁하거나 토론하는 것은 부적절하고 괴롭지 않습니까? 한편으로, 만약 우리의 신실함으로 임종하는 사람이 지식이나 믿음의 증거를 보이지 않는 경우 그 의식을 거행하기를 거부한다면, 우리는 환자를 동요시키고 그의 친구들을 괴롭히며 우리의 판단이 미치는 한도 내에서 그에게 일종의 공개적인 버림받음의 선고를 내리는 것이 아닐까요? 또 다른 한편으로, 만약 우리가 양심을 억누르고, 그들의 간절한 소망에 부응하여 그 의식을 받기에 전혀 합당한 증거를 보이지 않는 사람들에게 시행한다면, 우리는 그들을 죄 가운데 잠들게 하고 외적 은혜의 표징에 의지하도록 격려함으로써 영혼들을 속이고 멸망시킬 위험을 감수하는 것이 아닐까요? 이 경우 그 주위에 있는 사람들이 치명적인 해를 입지 않겠습니까? 그리고 우리는 그런 행동을 할 때마다 하나님 보시기에 큰 죄를 짓는 것이 아니겠습니까?

5. 모든 일반적인 경우에 병상에서 이 의식을 성도들이나 죄인들에게 시행하기를 거절함으로써, 우리는 이러한 곤혹스

러움과 양심적인 사람들에게 주어지는 어려움을 피할 수 있습니다. 이를 통해서 우리는 임종자 자신과 그의 유가족 모두에게 주어질 수 있는 악을 피할 수 있습니다. 그리고 우리는 다른 어떤 것보다 사람들의 마음에 이 위대하고 중대한 진리를 심어주기에 더 적합한 길을 택하게 될 것입니다. 즉 우리에게 전가된 구속주의 속죄 제사와 완전한 의로움이 오직 믿음으로만 받아들여질 때 하나님을 향한 소망의 유일한 성경적 기초가 된다는 것입니다. 이 믿음이 없이는 의식이 소용없고, 이 믿음이 있으면 비록 우리가 하나님의 섭리로 인해 규정된 시행 순서 대로 외적 의식에 참여할 기회를 박탈당할지라도 현세와 영원에 대한 모든 것이 안전합니다. 이러한 견해들이 더 엄숙하고 끊임없이 주입될수록, 우리가 사람들의 영혼에 유익을 줄 가능성은 더 높아질 것입니다. 그리고 우리가 죽음의 시간에 어떤 외적 의식에 의지하는 것을 조장하는 듯한 어떤 관행이라도 더 자주 용인할수록, 우리는 가장 비성경적이고 기만적이며 치명적인 경향성을 가진 체계가 만연하는 데 일조하는 것입니다.

장로교인들은 모든 일반적인 경우에 이러한 입장을 취하고 이러한 원칙에 따라 행동한다는 점이 언급되었습니다. 그러나

때로는 우리 교회의 경건하고 모범적인 성찬 참여자가 오랫동안 성소의 특권을 누린 후 여러 해, 어쩌면 많은 해 동안 병상에 누워 있어서 통상적인 형태로 성찬 시기를 즐길 수 없었던 일이 있었습니다. 이런 경우에 장로교 목사들은 때로 교회의 장로들을 데리고 가서 병자의 다른 친구 대여섯 명 정도를 초대하여 실제로 그 대표자들이 모인 '교회'를 만들어 병실에서 성찬식을 거행한 적이 있습니다. 이에 대해서는 아무런 타당한 반대도 제기되지 않습니다.

그러나 우리가 매우 특별한 경우가 아닌 한 평생 동안 이 성찬식을 온전히 소홀히 한 사람들에게, 그들이 죽음의 순간에 천국으로 가는 여권으로 이 성찬식을 간절히 요구할 때 그것을 가져다주는 관행의 문을 열어주는 순간, 우리는 미신을 용인하는 것이며, 영혼들을 속이는 것이며, 그 결과를 아무도 계산할 수 없고 그 끝을 볼 수 없는 악용과 유혹의 길을 닦아주는 것입니다.

VIII. 우리는 예수의 이름에 절하는 것을 거부합니다

개신교 성공회 예배를 자주 참석했던 사람들은 사도신경을 암송할 때 예수님의 이름이 나오면 무릎을 꿇는 것을 보셨을 것입니다. 이는 공중 예배에서 다른 이름을 말할 때는 일어나지 않는 현상입니다. 이러한 경의를 표하는 행위는 사도신경에서 그분의 이름이 언급될 때에만 주로 일어납니다. 기도문의 다른 부분이나 설교에서 같은 이름이 언급될 때는 이런 경의의 표시하지 않고 지나가기도 합니다. 장로교에서는 다음과 같은 이유로 이 관행을 채택하지 않았습니다.

1. 성경에서 이에 대한 근거를 찾을 수 없습니다. 일부 수준이 낮고 식견이 부족한 성공회 옹호자들은 빌립보서 2:10을 인용하기도 했지만, 성공회를 지지하는 이들 중에 진정으로 학식 있고 현명한 사람들은 이 주장을 포기한 것으로 보입니다. 잉글랜드 국교회 의식에 대하여 옹호하는 이들 중에 가장 능력 있고 열성적인 옹호자 중 한 사람인 니콜라스[Nicholas] 박사는 "우리는 이 구절을 이와 같은 목적에 엄격히 적용할 수 있다고 생각할 만큼 어리석지 않다"라고 분명히 말했습니다.

2. 구세주의 이 이름에는 절을 하면서 다른 칭호에는 전혀 경의를 표하지 않는 것은 이해하기 어렵습니다. 하나님, 구속자, 구원자, 그리스도, 임마누엘, 심지어 여호와와 같은 칭호가 언급될 때는 그런 경의를 표하지 않습니다. 성경 안팎에서 이런 차이에 대한 타당한 근거를 찾을 수 있을까요? 우리에게는 이런 관행을 채택하거나 용인하는 것이 미신적으로 느껴집니다.

3. 근거도 이유도 없이 그런 의식을 습관처럼 행하는 것은 미신적인 정신을 낳고, 하늘의 규례보다는 사람의 계명에 마음을 쏟게 하는 것 아닐까요? 이에 대해 "우리의 경배 받으실 구세주 예수의 이름을 지나치게 공경한다는 말은 성립하지 않는다. 그런데 그 영광스러운 이름에 경의를 표하는 것을 왜 문제 삼는가?"라고 반문할 수 있겠지요. 맞습니다. 가능한 모든 공경을 그분에게 드려야 합니다. 그러나 왜 모든 경배를 받기에 합당하신 그분의 칭호와 공식 명칭을 말할 때에는 같은 공경심을 표현하지 않을까요? 누군가 성경의 특정 구절을 선택하여 그 구절을 읽을 때마다 공경의 표시로 머리를 숙이거나 무릎을 꿇지만, 그렇게 구별된 구절과 똑같은 내용의 성경 구절을 읽을 때는 전혀 공경을 표하지 않는다면 어떻겠습니까?

우리는 그의 행동을 참으로 기이하고 변덕스러운 모습이나 아니면 더 신기한 미신으로 여겨야 하는 것은 아닐까요? 그런데 우리가 지금 다루고 있는 사안이 바로 그런 경우입니다. 그리고 만약 교회의 권위자들이 이런 성경 읽기 방식을 명한다면, 우리는 당연히 그 명령을 더욱 이상하게 여길 것입니다. 하지만 실제로 지금 우리가 다루고 있는 사안에서 이런 일이 일어나고 있습니다. 잉글랜드 국교회 헌법 제18조the 18th canon of the Church of England에 다음과 같은 명령이 있기 때문입니다.

> "하나님을 섬기는 시간에 주 예수께서 언급되시면, 관례 대로 모든 참석자는 마땅하고 겸손한 경의를 표해야 한다."

우리가 아는 한 예수님의 이름에 절하는 이 관행은 15세기 이전까지 기독교 교회에서는 들어본 적이 없습니다. 어떤 이들은 이 관행의 기원을 13세기 교황 그레고리 10세 시대로 거슬러 올라갑니다. 물론 그때 존재했을 가능성도 있지만, 기억나는 가장 이른 시기의 권위 있는 명령은 1435년 바젤 공의회의 것입니다. 미신과 부도덕의 측면에서 그 당시 교회의 개탄스러운 상황을 보면, 그 당시에 이와 같은 관행이 생겼을 가능성은 그리 높지 않습니다. 그러나 이보다 더 가능성 있는 기원은 알려진 바 없습니다.

　4. 동쪽을 향해 기도하는 관행과 독서대에서나 기도 중에 흰 중백의를 입는 것은 특별히 논의할 만큼 중요한 사안은 아닙니다. 그럼에도 이 안내서는 우리가 주변 교단과 다른 점들을 포괄적으로 다루는 것을 목표로 하기에, 막 언급한 두 가지 관행이 모두 이교도들에게서 차용되었다는 점을 간략히 언급하는 것도 나쁘지 않을 것 같습니다. 물론 곧 그런 행위들을 지지하는 그럴듯한 이유가 제기되기 시작했고, 기독교적인 모습을 가지게 되긴 했지만, 그것이 이교도적 기원을 가졌다는 것은 의심의 여지가 없습니다. 그렇다고 그런 행위가 죄는 아닙니다. 사소한 것들이며 정식으로 비난받을 만큼 대단한 것도 아닙니다. 그래도 우리가 거부해야 할 것들 중 하나라고 봅니다. 그리고 우리는 "왜 그런 관행을 채택하지 않느냐?"라는 질문을 받을 때, "그리스도 안에 있는 단순함"을 최대한 고수하고 싶다고 대답할 뿐입니다. 사소한 일에서 미신을 용인하는 것이 더 중요한 일에서와 마찬가지로 원칙적으로는 비난받아 마땅하며, "악의 시작은 물이 새어 나가는 것과 같다"라는 것입니다. 특히 불과 3세기 전만 해도 이 중 일부가 우리 조상의 땅에서 교제의 조건이 되었다는 점, 그 땅에서 살았던 가장

경건하고 존경받는 이들 중 일부가 당시 통용되던 표현 대로 '관습'을 꺼려했다는 이유, 곧 '규정된 옷차림'을 꺼려했다는 이유로 벌금을 물고 투옥되고 직위에서 쫓겨났다는 점을 상기할 때, 우리는 명령되지 않은 의식을 함부로 도입하는 일이 가진 폐단을 알 수 있습니다.

IX. 우리는 공중 예배에서 외경(外經)을 읽는 행위를 거부합니다

로마가톨릭교회는 외경들 중 여러 권을 정경으로 간주합니다. 즉, 영감된 정경에 속하며 구약이나 신약의 어떤 책과도 동등한 권위를 지닌다고 보는 것입니다. 따라서 영감된 성경과 마찬가지로 공중 집회에서 읽히도록 명령합니다. 개신교도들은 한 목소리로 외경이 거룩한 정경의 일부라거나 신앙과 삶의 무오한 규범에 포함된다는 것을 부인합니다.

하지만 잉글랜드 국교회에서는 외경의 상당 부분이 공중 집회에서 읽히며, 마치 정경인 것처럼 여겨집니다. 잉글랜드 국교회는 제6조the 6th Article of the Church of England에서 이 책들이 신앙의 규범으로 인용되지 않는다고 선언하며, 주일에는 읽히지 않습니다. 그러나 축일에는 계속해서 읽힙니다. 미국의 성공회는 같은 제한을 두면서 이와 동일한 관행을 채택했습니다.

하지만 장로교인들은 다음과 같은 이유로 이 관행에 반대하며 채택을 거부합니다.

1. 하나님의 영감 받은 말씀으로 여겨지는 것 외에는 어떤 것도 성경이라는 이름으로 읽혀서는 안 된다고 확신하기 때문입니다. 그렇게 하는 것은 중요한 개신교 원칙에서 벗어나 끝없는 악용과 남용의 문을 여는 것입니다.

2. 언급된 교훈이 발췌된 외경에는 분명 일부 거짓 교리, 잘못된 진술, 그리고 건덕을 세우기보다는 조롱을 불러일으키기 쉬운 내용들이 적지 않게 포함되어 있기 때문입니다.

3. 잉글랜드 국교회 신조 제6조에 이 외경들이 신앙의 규범으로 읽히지 않는다고 명시되어 있음에도 불구하고, 설교집 Homilies[28]에서는 매우 다른 관점으로 표현됩니다. 바룩은 선지

---

28   역자주: 잉글랜드 국교회에서 사용하는 설교모음집으로서 두 권의 책으로 구성되어

자 바룩으로 인용되며, 그의 글은 유대인들에 대한 주님의 말씀이라 불립니다. 토빗서는 "성령께서도 성경의 여러 곳에서 가르치시기를, 자비와 구제는 모든 죄를 정결케 하고 죽음에서 건지며 영혼이 어둠에 이르지 않게 한다"라는 식으로 가장 모호함 없이 성령에게 명백히 돌려집니다(불순종과 고의적 반역에 대한 설교 제1부 475쪽, 구제에 대한 설교 제2부 328쪽 참조). 확실히 "성령께서 가르치시는" 것이 이 책에 기록되어 있다면, 그것은 영감 받은 책이며 "신앙의 규범"의 일부로 간주되어야 합니다. 여기서 인용된 조항과 설교집이 잉글랜드 국교회뿐 아니라 미국 성공회의 예식서의 일부를 구성한다는 점에 주목해야 합니다.

4. 정경이 아님을 인정하는 글, 문제의 소지가 많은 글에서 발췌한 이 읽기 자료를 공중 예배에서 읽는 관행에 대해서는 초기부터 잉글랜드 국교회의 학식과 경건이 뛰어난 고위 성직자들과 다른 신학자들이 항의했으며, 그 이후로도 줄곧 그 교단의 가장 귀중한 신자들은 이에 대해서 유감을 표명하고 못

있으며 총 33개의 설교문이 포함되어 있다. 여기에 있는 설교문들은 잉글랜드 국교회에서 채택하고 있는 교리를 담고 있는 설교들로서, 설교에 대해서 다루고 있는 국교회 신조 제35조에 이 책이 지정되어 있다.

마땅하게 여겼습니다. 그러나 이런 반대와 청원에도 불구하고 이 내용은 오늘날까지 유지되고 있습니다. 이 사실은 잘못된 관행을 시작하는 것이 끼치는 폐해와 일단 확립된 관습을 제거하기가 얼마나 어려운지를 잘 보여줍니다.

제6장
결론

　이상이 장로교인들이 자신들의 교리, 교회 제도, 예배가 진실로 초대교회적이고 성경적이라고 확신하는 이유들입니다. 우리는 이웃을 정죄하지 않습니다. 그들은 자신들의 주인에 대해 서거나 넘어집니다. 앞서 말한 바에서 우리의 유일한 목적은 우리 자신의 신념과 실천에 대해 '이유를 제시'하는 것입니다. 우리 독특성을 보여주고 우리가 일부 자매 교회들과 어떻게, 왜 다른지 설명하는 것이 불가능했다면, 다른 교단의 이름이 앞선 진술에서 그렇게 많이 언급되거나 암시되지 않았을 것입니다. 그러나 장로교 체제의 모든 주요 특징이 다른 어떤 것보다 하나님의 말씀 및 기독교 교회 역사상 가장 순수하고 가장 좋았던 시대의 관행과 더 일치한다고 굳게 믿기에, 우리는 그것들을 지키고, 자녀들에게 가르치며, 세상 앞에서 그것들을 지지하며 이를 증언해야 한다고 느낍니다. 우리는 우리 거룩한 종교의 본질을 굳게 붙드는 이들을 기독교 교회라 부르는 것을 거부하지 않습니다. 우리는 "그리스도 안에 있는 단순함"을 고수하고 초대교회 그리스도인들의 발자취를 따른다는 것을 아는 것만으로 충분합니다. 우리는 단지 "우리를 따르지 않는다"라는 이유로 귀신을 쫓아낸다고 고백하는 사람들을 금하지 않습니다. 그들이 자기 방식 대로 할 수 있는 모든 선을 행하게 합시다. 우리도 같은 특권을 주장하며, 다만 성경을 손에 들고 "성경이 무어라 말하는지", 사도들과 순교자들이 어떻게 하나님께 영광을 돌렸는지 확인할 수 있기를 구할 뿐입니다. 우리는 "어떤 사람도 스승이라 부르지 않습니다. 우리의 스승은 오직 한 분 그리스도뿐"입니다. 그러므로 앞의 모든 페이지에서 우리가 일차적으로 호소했던 대상은 그분의 말씀, 곧 그분 나라의 위대한 법전이었습니다. 어떤 의식이나 예식이 이론적으로 그럴듯하고 실천적으로 매력적이게 보일지라도, 교회의 유일무이하고 무오한 안내서에서 그것에 대한 근거를 찾지 못한다면 우리는 감히 그것을 채택할 수 없습니다. 그렇다면 만일 장로교의 모든 본질적 특징이 하나님의 말씀에서 분명히 발견되고, 하나님 나라를 관통하는 위대한 대의제 원칙을 처음부터 끝까지 유지하며, 한편으로는 성직자의 횡

포와 전제를, 다른 한편으로는 대중의 흥분과 폭력을 다른 어떤 제도보다 더 완벽하게 방지하고, 부가적인 자발적 결사체에 의존할 필요 없이 그 자체로 행동에 있어서 완전한 조화를 제공하며, 순결하고 활력 있는 권징을 유지하고, 또 의심스럽고 어려운 사안들에 있어서 전 교회가 냉정하고 공정한 판단을 내리게 하는 최선의 수단을 제공하며, 오류를 제거하고 악습을 교정하는 가장 효과적 방법을 제시한다면, 우리는 장로회주의가 바로 진리와 질서의 하나님께로부터 온 것이며 모든 교회에서 유지되어야 한다는 적지 않은 증거를 갖게 되는 셈입니다.

하지만 장로교의 모든 주요 특징이 의심할 여지없이 교회의 초기 사도적 모델이었던 것처럼, 이 제도를 최상으로 유지하고 시행하기 위해서는 교회에 초대교회와 사도적 정신이 크게 넘쳐나야 한다는 점을 결코 잊어서는 안 됩니다. 그리스도인들이 초기 가장 순수한 시대의 정신을 잃자마자 그들은 그리스도께서 세우신 단순한 제도들에서 이탈하기 시작했습니다. 제공할 수 있는 영성이 약화되자, 그들은 겉치레와 의식으로 그 결함을 보상하려 했습니다. 유대인과 이교도 모두를 교회로 끌어들이기 위해 명령 받지 않은 의식과 형식이 늘어났습니다. 교리의 순수성은 철학의 사변에 자리를 내주었습니다. 권징의 순수성은 인기를 잃고 사치스럽고 세속적인 삶의 해이함에 굴복했습니다. 앞 장에서 보았듯이 주교제가 교회에 점진적으로 스며들었고, 초기 단순성에 대한 감각을 잃은 이들을 유혹하고 현혹하기 위한 많은 인간의 고안물도 함께 들어왔습니다.

자, 우리가 사도시대의 단순하고 헌신적인 정신을 간직하고 있는 만큼, 우리는 장로교를 사랑하고 고수하며 존중할 것입니다. 이 정신을 가장 많이 소유한 이들이 이 제도에 가장 우호적일 것입니다. 그러나 그 정신이 쇠퇴하는 만큼, 장로교 교리는 너무 경직되어 보일 것이고, 장로교 예배는 너무 단순하고 껍데기뿐인 것처럼 보일 것이며, 장로교 권징은 너무 융통성 없고 엄격한 것으로 여겨질 것입니다. 그러므로 장로교인들은 이 점에서 지혜의 교훈을 배워야 합니다. 장로교인들이 채택한 제도는 단순하고 초대교회적이며 헌신적인 경건 가운데서 가장 잘 보이고 가장 잘 작동한다는 점을 기억해야 합니다. 이것이 그 제도의 자연스러운 토양입니다. 그런 토양이 제공되는 한 이 제도는 성장할 것입니다. 그런 토양이 제공되지 않을 때에도, 이 제도는 여전히 살아남아 전반적으로 다른 어떤 제도보다 더 잘할 것입니다. 그러나 그 때에는 이 제도가 가지는 최고의 영광은 사라졌을 것이며, 세속적 방종과 세속적 화려함을 지지하는 이들은 다른 어떤 것을 교회 안에서 바람직한 것으로 여기기 시작할 것입니다. 우리가 사랑하는 교회에 속한 친구들은 자신의 행복과 기력이 이 핵심 원칙을 진심으로 부지런히 고수하는 데 달려 있음을 알고 마음에 새겨야 합니다. 이 원칙은 다음과 같이 표현할 수 있습니다.

"우리 중에 누구든지 자기를 위하여 사는 자가 없고 자기를 위하여 죽는 자도 없도다. 우리가 살아도 주를 위하여 살고 죽어도 주를 위하여 죽나니 그러므로 사나 죽으나 우리가 주의 것이로다."